FACULTÉ DE DROIT DE PARIS

DU PRINCIPE

DU

NON CUMUL DES PEINES

THÈSE POUR LE DOCTORAT

Soutenue le 20 juin 1899, à 2 h. 1/2

PAR

Lucien RIBOULET

AVOCAT

Chef du secrétariat particulier du Ministre des colonies.

Président : M. LE POITTEVIN, *professeur.*

Suffragants : M. BERTHÉLEMY, *professeur.*
M. GARÇON, *agrégé.*

PARIS

A. PEDONE, Éditeur

LIBRAIRE DE LA COUR D'APPEL ET DE L'ORDRE DES AVOCATS

13, RUE SOUFFLOT, 13

1899

THÈSE

POUR

LE DOCTORAT

La Faculté n'entend donner aucune approbation ni improbation aux opinions émises dans les thèses ; ces opinions doivent être considérées comme propres à leurs auteurs.

FACULTÉ DE DROIT DE PARIS

DU PRINCIPE

DU

NON CUMUL DES PEINES

THÈSE POUR LE DOCTORAT

Soutenue le 20 juin 1899, à 2 h. 1/2

PAR

Lucien RIBOULET

AVOCAT

Chef du secrétariat particulier du Ministre des colonies.

Président : M. LE POITTEVIN, *professeur.*

Suffragants : M. BERTHÉLEMY, *professeur.*
M. GARÇON, *agrégé.*

PARIS

A. PEDONE, Éditeur

LIBRAIRE DE LA COUR D'APPEL ET DE L'ORDRE DES AVOCATS

13, RUE SOUFFLOT, 13

1899

DU PRINCIPE
DU NON CUMUL DES PEINES

INTRODUCTION

Le droit pénal a pris, durant ces dernières années, une orientation nouvelle. La peine, telle que l'avait conçue les législations issues du grand mouvement philosophique qui a signalé la seconde moitié du XVIIIe siècle, ne correspond plus aux idées des sociétés modernes sur la répression pénale. Une réaction, très nettement caractérisée, s'est produite contre cette conception des législateurs d'autrefois que l'on a pu qualifier fort justement d' « égalité devant la légalité de la peine » et qui consistait à frapper d'un châtiment identique tous ceux qui s'étaient rendus coupables d'un même acte délictueux ; on s'est écarté, insensiblement, du type abstrait du criminel que l'on condamnait exclusivement suivant des situations juridiques, en ne tenant que peu de compte des influences nombreuses et diverses, qui avaient pu motiver sa faute et modifier, par suite, l'étendue de sa culpabilité ;

la notion de l'individu s'est fait jour; on a compris, qu'en présence des dissemblances des délinquants, dont la personnalité et la responsabilité peuvent varier, à l'infini, sous l'action de ces éléments divers que l'école italienne a nommé les *facteurs* du crime (milieu moral et physique, éducation, etc...), la nécessité s'imposait, d'édifier un système de pénalités assez souple pour s'adapter étroitement à la condition individuelle de chaque agent criminel.

Cette conception nouvelle devait conduire à une classification des délinquants fondée sur leur degré respectif de culpabilité. Aussi, les criminalistes modernes ont-ils distingué les délinquants *primaires* ou *d'occasion*, des délinquants *d'habitude* : les premiers, doués d'instincts droits, mais victimes d'une passion soudaine, irréfléchie, qui les a poussés momentanément vers le mal; — les seconds, forcenés endurcis, irréductibles, dont l'amendement n'est pas réalisable et qu'il importe de punir avec la plus extrême des rigueurs.

Nous pensons qu'une classe intermédiaire pourrait être introduite, dans laquelle viendraient se ranger tous ceux qui auraient commis plusieurs infractions, avant d'avoir été châtiés pour l'une d'elles : ces individus sont en effet, plus coupables que les délinquants d'occasion, puisqu'ils ont renouvelé, à diverses reprises, leurs méfaits, et, moins coupables que les délinquants d'habitude ou *récidivistes*, puisqu'ils n'ont pas encore reçu le solennel avertissement de la justice.

La situation pénale dans laquelle ces délinquants se trouvent placés, s'appelle : le *concours d'infractions*; la règle qui les régit : la *règle du cumul* ou celle du *non cumul des peines*, selon l'esprit des législations dont ils dépendent.

Il nous a paru intéressant d'étudier le système de répression institué, par notre Code, à leur égard, de rechercher à quels inconvénients il se heurte, et, de quelles améliorations il est susceptible, pour qu'il devienne conforme aux vœux des jurisprudences nouvelles.

Nous ne contestons pas que ce soit plutôt au juge et à l'administration, qu'appartienne le soin de pratiquer cette *individualisation* de la peine dont nous parlions précédemment ; mais, il n'en est pas moins vrai que le juge ne peut infliger de châtiments que dans les limites étroites qui lui sont assignées par des lois, à la lettre et à l'esprit desquelles il est strictement obligé de se conformer dans les décisions qu'il prononce. Sans aller, comme le font certains auteurs modernes, jusqu'à préconiser *l'indétermination de la sentence* — ce qui entraînerait sans nul doute l'arbitraire le plus dangereux — il est permis de concevoir un système pénal, d'une extension assez aisée, pour laisser toute liberté au pouvoir judiciaire de nuancer la répression, selon la gravité de l'acte délictueux et la culpabilité de celui qui l'a commis.

Nous verrons, dans cet ordre d'idées, que, en ce qui concerne le concours d'infractions, une heureuse combinaison du principe du non cumul avec une aggravation raisonnée de la peine, répondrait, d'une manière satisfaisante, à tous les *desiderata* que nous avons signalés.

C'est la solution qui a été admise par les législations européennes les plus récentes. C'est celle qui a été proposée récemment, en France, par la Commission de réforme du Code pénal. C'est celle qui ralliera nos suffrages.

CHAPITRE PREMIER

EXAMEN DU PRINCIPE DU NON CUMUL DES PEINES AU POINT DE VUE RATIONNEL ET HISTORIQUE DE CE PRINCIPE.

SECTION I

Point de vue rationnel du principe du non cumul des peines.

Il se peut qu'un même individu se soit rendu coupable de plusieurs infractions, avant d'avoir été condamné pour aucune d'elles. On dit que, dans cette situation, il y a *cumul* ou *concours d'infractions*.

C'est à ce concours d'infractions que s'applique le *principe du non cumul des peines*, principe en vertu duquel l'agent qui a commis plusieurs faits délictueux, avant toute condamnation irrévocable, n'encourt qu'une seule peine, au lieu d'être frappé d'autant de peines qu'il a commis d'infractions.

Il nous paraît indispensable, pour mettre en lumière, d'une façon plus frappante, les caractères constitutifs du concours d'infractions, de distinguer ce concours d'un certain nombre d'hypothèses présentant, avec lui, des analogies assez grandes, pour entraîner, parfois, quelques confusions : nous voulons parler des infractions *continues* ou *successives*, des infractions *d'habitude*, des infractions *collectives par l'unité du but*, et enfin de la *récidive*.

On sait que les infractions peuvent être divisées en infractions *instantanées* et *continues :* les premières, prennent fin dès qu'elles ont été accomplies ; nous rangerons parmi elles : l'homicide, l'escroquerie, et, d'une manière générale, la majorité des faits réprimés par nos Codes ; les secondes, comme la séquestration arbitraire ou le port d'armes prohibées, sont susceptibles de se prolonger, après leur premier accomplissement, pendant un laps de temps plus ou moins considérable.

Il ne peut être question, en ce qui concerne les infractions continues, de concours d'infractions ; nous nous trouvons en présence, en effet, d'un délit unique, qui est devenu punissable, du jour où le premier des faits délictueux qui le constitue a été perpétré : la durée plus ou moins longue du délit pourra, sans doute, constituer une circonstance aggravante, susceptible d'augmenter le degré de culpabilité du délinquant ; mais, dans tous les cas, il ne sera prononcé qu'une seule peine.

L'infraction *collective* ou *d'habitude* est celle qui résulte d'actes qui, pris isolément, sont impunis, mais qui, réitérés, deviennent punissables, parce qu'ils sont l'indice, chez l'agent, d'une habitude que la loi estime répréhensible. Il en est ainsi du délit d'habitude d'usure, réprimé par les lois du 3 septembre 1807 et du 15 décembre 1850.

Nous sommes bien en présence de plusieurs faits relevés à la charge d'un même auteur ; nous ne dirons pas cependant qu'il y a encore, là, concours d'infractions, car, chacun de ces faits, envisagé séparément, loin de constituer une infraction distincte, n'a que la valeur d'une partie dans un tout.

Il peut arriver que l'agent accomplisse une série de faits présentant, individuellement, et, à l'inverse de l'hypothèse du délit d'habitude, le caractère délictueux, et reliés entre eux par une même résolution criminelle constituant comme un lien de continuité morale ; tel serait le cas, par exemple, d'un escroc qui, se proposant de faire main basse sur une certaine somme d'argent, s'en emparerait à l'aide de détournements successifs et partiels.

Une semblable infraction, qualifiée, par les auteurs, d'infraction *collective par unité du but*, ne comportera pas davantage l'application de la règle du cumul et ne sera réprimée que par une peine unique. En réalité, l'agent commet bien plusieurs faits délictueux dont chacun d'eux, s'il était pris isolément, motiverait une sanction pénale ; mais, comme ces divers faits tendent tous vers un même objectif, sont conçus dans un même esprit criminel, l'unité de but et de conception entraîne ici l'unité de délit.

Les diverses hypothèses que nous venons d'examiner se distinguent donc bien nettement du concours d'infraction : en ce sens que, ne comportant qu'une seule et unique infraction, elles ne satisfont pas à la première condition nécessaire pour que ce concours puisse se réaliser : pluralité de délits.

La seconde des conditions que nous avons énumérées précédemment, nous permet de distinguer le concours d'infractions de la *récidive.*

La *récidive* est constituée, essentiellement, par la réitération, chez le même agent, de plusieurs infractions, avec cette circonstance que l'une d'entre elles a déjà été jugée définitivement, lorsque les autres sont commises. Le concours d'infractions suppose, au contraire, un groupe de faits délictueux qui ne sont séparés les uns des autres par aucun jugement de condamnation devenu définitif. Le fait qu'une infraction était poursuivie au moment où l'agent en commettait une seconde, n'empêcherait donc pas le concours d'infractions de se produire ; en d'autres termes, la poursuite ne suffit pas à placer le délinquant en état de récidive, la condamnation elle-même ne saurait entraîner ce résultat, tant que les délais d'appel et de cassation ne sont pas expirés et que, par suite, elle n'a pas acquis le caractère d'irrévocabilité.

Enfin, le contumace qui aurait été repris par la justice et qui, avant de comparaître à nouveau devant la Cour d'assises, aurait commis un second méfait, ne serait pas davantage en état de récidive et bénéficierait, par conséquent, des dispositions de notre Code, relatives à la prohibition du cumul des peines.

Dans le même ordre d'idées, le législateur pourra être conduit à appliquer simultanément les règles qui régissent la récidive et le concours d'infractions. Il est possible, par exemple, que la condamnation encourue par le récidiviste ait trouvé place entre deux groupes d'infractions ; ainsi, supposons qu'un individu soit inculpé de plusieurs délits qui n'ont été l'objet d'aucune sanction pénale ; après avoir subi la peine la plus forte qui lui a été infligée, conformément à la règle prohibitive du cumul, il commet une autre série de délits : il sera jugé à nouveau, en état de récidive cette fois, pour des faits dont la concurrence constituera le cumul d'infractions.

Il nous reste à faire une dernière distinction :

Le concours d'infractions peut se présenter sous deux formes différentes : sous la forme de *cumul matériel*, lorsque l'agent a commis plusieurs actes, constituant, chacun, un délit distinct ; sous la forme de cumul *idéal*, *intellectuel* ou *moral*, quand cet agent n'a accompli qu'un seul fait impliquant plusieurs délits.

Le cas le plus fréquent de cumul idéal est celui qui est spécifié par l'article 389 du Code pénal : cet article suppose qu'un individu, pour commettre un vol, a enlevé ou déplacé des bornes servant de séparation aux propriétés. Cette infraction comprend, en réalité, deux délits : celui de vol, réprimé par l'article 401 du Code pénal, et celui de déplacement de bornes, prévu par l'article 456 du même Code. La loi n'inflige que la réclusion.

Il n'est pas douteux qu'il faille voir, dans cette espèce, un cas de concours d'infractions et envisager l'application d'une pénalité unique à ces deux délits, comme une conséquence de la théorie de l'absorption des peines qui, ainsi que nous le verrons ultérieurement, est celle qui a été établie par notre législation, pour résoudre la question du concours d'infractions.

Le concours d'infractions ayant été ainsi nettement défini, quelle règle allons-nous lui appliquer? Dans quelle mesure la société fera-t-elle subir, à l'agent, l'expiation?

Nous savons, qu'en matière de récidive, chacun des délits en présence est frappé de la peine qui lui est propre et que, en outre, la peine afférente à l'infraction qui a été commise, après la condamnation, est aggravée. Etendrons-nous ces deux dispositions au concours d'infractions?

Nous entendons bien que l'individu qui s'est rendu coupable de plusieurs forfaits, ne peut plus être moralement considéré comme un délinquant primaire, qu'il a révélé un réel tempérament criminel et des instincts détestables qu'il convient de contenir plus sévèrement: et, cependant, n'est-il pas plus excusable que le récidiviste qui a persisté dans la voie du crime, malgré l'avertissement d'une condamnation? Ne serait-il pas, par suite, injuste et inhumain de le soumettre aux mêmes pénalités qu'un véritable délinquant d'habitude? Mais alors, quel châtiment lui infliger pour lui faire expier tous ces délits cumulés?

On peut concevoir deux systèmes radicaux:

Le premier, appelé *système de l'addition*, se fonde

sur la maxime « à chaque délit sa peine » : il consiste à additionner les peines afférentes à chacune des infractions et à en faire subir le total au condamné. Il était en vigueur à Rome, suivant certains commentateurs, et dans notre ancien droit. On l'a presque unanimement abandonné de nos jours.[1]

Le second système n'applique qu'une seule peine : la plus forte. On l'a nommé *système du non cumul* ou *de l'absorption*, parce qu'il repose sur cette idée essentielle que la plus forte peine absorbe toutes les autres, et qu'en la subissant, le coupable expie les peines de même nature et de moindre gravité que celle qui lui est appliquée. Notre Code d'instruction criminelle, dans son article 365, l'a adopté.

Enfin, un troisième système, celui *du cumul juridique*, est venu corriger les vices des deux premiers et remédier aux lacunes qu'ils présentaient. Il combine les règles du cumul et du non cumul, de façon à nuancer, le plus possible, les pénalités qu'il proportionne, plus exactement, au degré de culpabilité du délinquant.

C'est le système le plus répandu de nos jours, parce qu'il est le plus conforme aux idées pénales modernes.

Nous discuterons plus loin, dans notre partie critique, la valeur intrinsèque de ces trois systèmes. Nous nous

---

[1] Nous verrons, dans la partie de notre étude qui traite des législations étrangères, que l'Angleterre est la seule nation chez laquelle le principe du cumul des peines soit encore en vigueur, aujourd'hui.

ralliérons, en ce qui nous concerne, au dernier d'entre eux, appliqué dans les conditions proposées, en 1887, par la Commission chargée de la réforme du Code pénal.

SECTION II

Historique.

Droit romain. — De nombreuses et vives controverses se sont élevées sur le point de savoir, quel était le système de la législation romaine, en matière de concours d'infractions. Nous ne possédons malheureusement qu'un très petit nombre de textes, d'une trop grande obscurité, pour qu'il soit possible de reconstituer fidèlement les théories pratiquées, par les Romains, en cette matière. Nous en sommes donc réduits un peu à de simples conjectures.

La doctrine de notre ancien droit et certains auteurs récents, ont cru pouvoir prétendre, cependant, que la règle du cumul des peines était, à Rome, le droit commun. Leur argumentation repose essentiellement sur une interprétation incomplète, à notre avis, de deux textes du Digeste. Le premier, la loi 2 *Principium*, est ainsi conçu :

« *Nunquam plura delicta concurrentia faciunt ut ullius*
« *impunitas detur, neque enim delictum ob aliud delic-*
« *tum miniut pœnam ; qui igitur hominem subripuit et*
« *occidit, quia subripuit, furti, quia occidit, aquilia te-*
« *netur, neque altera harum actionum alteram consumit.* »

Ce texte concerne le concours des deux crimes de meurtre et de vol ; il décide que, dans cette hypothèse, deux actions peuvent être utilement intentées : *l'actio furti* et *l'actio legis aquiliæ*.

Nous constatons, tout d'abord, que la rubrique, sous laquelle est placée la loi 2, au Digeste, porte le titre « *De privatis delectis* ». Nous sommes donc en matière de délits privés ou civils et non en matière criminelle proprement dite.

En effet, le *furtum* qui, nous ne le contestons pas, aurait dû, comme *l'injuria* et la *rapina*, relever, par sa nature propre, du droit pénal, avait été rangé, à Rome, au nombre des *delicta privata*, infractions qui ne comportaient que des réparations pécuniaires, à l'inverse des *crimina* qui donnaient lieu à de véritables peines dont le montant ne profitait pas à la victime. Les anciens Romains, encore dominés par une idée propre aux civilisations peu avancées, s'étaient toujours préoccupés, plutôt de la réparation pécuniaire des délits que de leur répression au point de vue purement pénal et social. Dès lors, le *damnum legis aquiliæ* étant un délit civil, l'action qui en était la conséquence et la sanction, n'était qu'une action en réparation du préjudice causé. L'*actio furti*, elle aussi, n'avait été instituée que, dans le seul but de poursuivre la punition pécuniaire du vol, au profit du volé, qui pouvait obtenir, suivant les cas, le double ou le quadruple du dommage qu'il avait subi. Dans ces conditions, on conçoit aisément que, dans l'espèce prévue par le fragment d'Ulpien précité, le cumul soit autorisé : à chaque délit était attachée une peine pécuniaire : le délinquant devait, à la victime, autant de sommes d'argent, dans les limites des *maxima* fixés par la loi, qu'il avait commis de délits à son préjudice.

Mais, il est téméraire, à notre sens, de prétendre que notre texte formule, d'une manière générale, le principe du cumul des peines. Encore une fois, il ne s'agit, ici, que d'actions et non d'accusations ; de cumul de réparations civiles et non de cumul de peines.

Le second texte que l'on invoque ne nous paraît pas plus concluant ; il s'exprime ainsi :

« *Qui desertioni aliud crimen adjungit gravius pu-* « *niendus est.* »

Ce fragment est exclusivement relatif aux délits reprochés à des militaires : il statue uniquement sur le cas d'un soldat qui s'est rendu coupable de désertion et qui commet une autre infraction. Nous sommes encore, là, dans une matière spéciale, qui, par sa nature, devait, vraisemblablement, comporter des règles plus rigoureuses. Est-il logiquement possible, dans ces conditions, d'étendre la portée de ce texte et de l'ériger en principe général ?[1]

Nous ne le pensons pas et nous estimons, qu'en l'état fort restreint des sources juridiques que nous possédons,

---

[1] *Savigny*, dans une thèse de doctorat, faisait une distinction entre le concours *formel* et le concours *réel* d'infractions, et enseignait que, dans le premier cas seulement, les Romains avaient admis la cumulation des accusations et des peines.

deux règles seulement peuvent être posées, avec certitude, à savoir :

— Le cumul des peines était pratiqué à Rome, lorsque, relativement au même objet, deux actions naissaient de deux délits privés distincts ;

— Au cas de plusieurs actions pénales, issues d'une même infraction, l'exercice de la plus rigoureuse éteignait les autres ; mais, à l'inverse, l'exercice de la moins sévère laissait, à la victime, la possibilité d'épuiser, dans la limite où il n'avait pas obtenu satisfaction, les autres actions mises à sa disposition par la loi.

Ancien droit. — Nous avons vu que les textes du droit romain sur le concours d'infractions avaient été l'objet, de la part des jurisconsultes de notre ancien droit, d'une interprétation beaucoup trop extensive : c'est à cette circonstance qu'il faut attribuer l'incertitude qui a régné, jusqu'au XVIIIe siècle, sur toute cette matière.

En effet, parmi les anciens auteurs, les uns sont partisans du principe du non cumul des peines :

Loiseau, dans son *Traité des seigneuries*, chapitre XII, préconise la règle proverbiale que « *la grande amende* « *emporte la petite* ». De même, Loysel, dans ses Institutes coutumières (n° 855), prononce que « *la plus grande peine* « *et amende attire et emporte la moindre* ».

Les autres, au contraire, sont favorables à la règle du cumul. Jousse, notamment, dans son *Traité de la justice criminelle en France* (tome II, page 643, n° 280) s'exprimait ainsi : « *Lorsqu'un accusé est convaincu de plusieurs* « *crimes dont chacun mérite d'être puni d'une peine par-* « *ticulière, il doit être puni d'autant de peines qu'il y a* « *de délits différents, suivant la règle établie par Ulpien,* « *loi 2, De privatis delictis ; car un délit ne peut diminuer* « *la peine d'un autre délit.* »

Il ajoutait que ce principe était applicable à l'égard de toutes sortes d'infractions et alors même que les deux délits auraient été perpétrés simultanément. Toutefois, il admettait quelques exceptions : par exemple, lorsqu'il s'agissait d'un fait unique ayant produit des délits de même nature, comme plusieurs blessures à la suite d'un seul coup[1] — ou bien, encore, lorsque les deux peines encourues étaient incompatibles telles que le blâme et l'admonition. Au surplus, il étendait l'application de la règle du cumul aux amendes pécuniaires en concours avec des peines corporelles ou infamantes.

Il nous paraît vraisemblable que, malgré l'indécision des auteurs et la variété de leurs opinions, le principe du cumul ait prédominé dans notre ancienne législation. Nous rencontrons une justification de cette assertion dans ce fait que, le cumul des peines, loin d'aller à l'encontre des théories pénales en usage au moyen âge, cadrait

[1] Ce cas pourrait être rangé, de nos jours, dans cette classe d'infractions que l'on a appelée *infractions continues* ou *successives*. Nous avons vu que ces actes ne constituent qu'un seul délit, ne comportent par suite qu'une seule peine et ne peuvent donner lieu à l'application de la règle du cumul ou du non cumul.

avec elles de la façon la plus exacte et permettait d'édifier un système de pénalité à la fois efficace et conforme aux idées juridiques alors en cours.

Il faut songer, en effet, que, dans l'ancienne France, il n'existait pas, à proprement parler, de droit pénal. Si, parfois, certaines coutumes locales déterminaient, d'une façon précise, par la fixation d'un maximum et d'un minimum, la durée des peines applicables aux diverses infractions, le plus souvent, la nature et la durée de ces peines, étaient laissées à *l'arbitraire* du juge : le magistrat pouvait — d'une part, réprimer des faits non prévus par les ordonnances ou les coutumes en vigueur dans le ressort de sa juridiction et choisir, parmi toutes les peines en usage dans le royaume, celle qui lui paraissait le mieux convenir à l'infraction qui lui était soumise — et, d'autre part, modifier les peines qu'il prononçait, soit en les atténuant, soit en les aggravant, dans leur exécution.

Or, le principe du cumul des peines ne faisait que lui fournir une arme nouvelle, de la même essence que celle dont il disposait déjà : il lui offrait une possibilité de plus d'aggraver le sort du criminel. Ainsi qu'on a pu le dire fort justement, elle aidait le juge à mettre en pratique cette sorte de théorie de « l'individualisation à rebours » qui prévalait au moyen-âge et, en vertu de laquelle, les peines, *arbitraires* et *inégales*, variaient suivant la condition des prévenus et le bon vouloir du pouvoir judiciaire.

Toutefois, la règle du cumul était écartée dans tous les cas où son application devenait matériellement impossible, comme dans l'hypothèse du concours de la peine de mort avec celle des travaux forcés à perpétuité. C'est là ce qu'exprimaient les auteurs de cette époque, par l'adage « *major pœna minorem absorbet* ».

Cet adage a son importance : il est, par lui-même, une première dérogation au principe du cumul des peines : dérogation imposée, nous le voulons bien, par l'impossibilité absolue dans laquelle on se trouvait de cumuler la peine capitale et une peine perpétuelle, mais, dérogation qui devait s'étendre de plus en plus au cours des siècles et conduire, insensiblement, au système de l'absorption de notre Code pénal.

Nous n'en voulons comme preuve que les tentatives qui ont été faites par certaines législations européennes des XVIe, XVIIe et XVIIIe siècles, pour appliquer la règle « *major pœna minorem absorbet* » non seulement aux cas où le cumul des peines ne pouvait être matériellement exécuté, mais à toutes les hypothèses dans lesquelles plusieurs délits se trouvaient en concours. C'est ainsi que, sous Charles-Quint, *la Caroline* (1532) contenait cette disposition : « *Lorsque, dans un vol, il y aura plus d'une « des circonstances aggravantes dont il a été traité aux « précédents articles, la peine sera prononcée, en raison « de l'aggravation de la plus forte.* »[1]

Plus tard, le Code autrichien du 1er janvier 1787 s'ex-

[1] Toutefois, nous devons constater que la Caroline préconisait, dans plusieurs cas, l'application de la règle du cumul des peines.

primera d'une façon plus précise et fera triompher plus manifestement notre ancien adage : « *Si le criminel*, spé- « cifie ce Code dans son article 15, *est coupable de plu-* « *sieurs délits différents entre eux, la peine doit être in-* « *fligée, eu égard au délit le plus rigoureusement puni.* »

Droit intermédiaire. — La Révolution de 1789, sans abolir formellement le principe du cumul des peines, a promulgué un certain nombre de textes dont l'application suppose implicitement la reconnaissance de la règle du non cumul.

Le grand mouvement philosophique qui s'était manifesté pendant la seconde moitié du XVIIIe siècle, avait profondément modifié les idées et les mœurs.[1] L'esprit public avait changé et s'insurgeait contre les institutions de l'ancien régime, qui ne répondaient plus aux besoins nouveaux. Le droit pénal, notamment, qui avait conservé en grande partie les règles et les pratiques du moyen-âge, soulevait, depuis longtemps déjà, de nombreuses et violentes critiques :[2] les cahiers des Etats-Généraux s'en firent

---

[1] M. Villemain avait signalé cette « invasion de la philoso- « phie dans les affaires, dans l'administration, dans la justice « et l'innovation spéculative transformée en innovation active « et réelle ».

[2] Les questions de pénalité qui, jusqu'alors, n'avaient occupé qu'une faible place dans les productions littéraires du temps, commençaient à être fréquemment discutées dans les ouvrages philosophiques qui ont signalé la seconde moitié du XVIIIe siècle. *Montesquieu*, en 1721, dans le livre VI, chapitre 12, de « l'Esprit des lois », traite des grands principes du droit pénal. — En Italie, *Beccaria* publiait un « Traité des Délits

l'écho et, plus tard, la Constituante accomplit cette œuvre formidable qu'était la modification, jusque dans ses principes fondamentaux, de toute une législation criminelle.

Et cependant, cette Assemblée et, d'une façon plus générale, tout notre droit intermédiaire, n'ont traité que superficiellement notre question du concours d'infraction et il a pu leur être reproché, à juste titre, de ne pas avoir proclamé, formellement, ce principe du non cumul des peines qui ne s'était, jusqu'alors, manifesté que timidement et dans des textes imprécis. Il faut songer, il est vrai, que la tâche du législateur de 1791 était lourde : la procédure criminelle abondait en abus de toutes sortes dont la suppression était plus importante et plus urgente que la promulgation d'une règle à laquelle la jurisprudence avait toujours su suppléer.

Quoi qu'il en soit, nous ne trouvons, dans la législation de la période révolutionnaire, que deux dispositions légales qui marquent une étape de plus, vers la règle du non cumul des peines.

La première est contenue dans l'article 40, titre VII, de la loi des 16-29 septembre 1791, relative à la justice criminelle et à l'établissement des jurés. Elle est ainsi conçue : « *Si l'accusé est déclaré convaincu du fait porté* « *dans l'accusation, il pourra encore être poursuivi à rai-*

---

et des Peines » (1766) et, enfin, *Rousseau,* dans son « *Contrat social* » formulait quelques principes qui devaient avoir, plus tard, une grande influence sur notre droit de la période révolutionnaire.

« *son du nouveau fait ; mais, s'il est déclaré convaincu*
« *du second délit, il n'en subira la peine qu'autant qu'elle*
« *serait plus forte que celle du premier, auquel cas il*
« *sera sursis à l'exécution du jugement.* »

Ce texte concerne l'hypothèse où, un accusé, reconnu coupable d'un crime devant la cour d'assises, se voit imputer un second délit. Il décide :

1° Qu'une nouvelle poursuite peut être intentée ;

2° Que, dans le cas où une seconde peine interviendrait, elle ne serait subie par le condamné qu'autant qu'elle serait plus forte que la première encourue.

L'article 40 ne formule donc pas, d'une façon précise, le principe du non cumul ; mais, il n'est pas douteux, que ce principe ait présidé à sa rédaction. Notre texte ne prononce-t-il pas l'absorption de la peine la plus faible par la peine la plus forte, disposition qui n'est qu'une conséquence et une application de la règle du non cumul ? Toutefois, l'art. 40 est incomplet, en ce sens, qu'il n'écarte la règle du cumul que dans le cas où les deux poursuites sont successives, dans les seules affaires soumises au jury et lorsque le second fait reproché à l'accusé a été révélé, au cours des débats. Une semblable rédaction laissait la porte ouverte aux controverses sur les points de savoir, si notre disposition s'appliquait : à deux poursuites simultanées, en matière de délits ou de contraventions de simple police, quand le second fait imputé au prévenu avait été révélé en dehors des débats.

Le Code des délits et des peines du 3 Brumaire de l'an IV,

reproduit la disposition précédente en son article 446 :

« *Lorsque, pendant les débats qui ont précédé le juge-* « *ment de condamnation, l'accusé a été inculpé, soit par* « *des pièces, soit par des dépositions de témoins, sur d'au-* « *tres faits que ceux portés dans l'acte d'accusation, le* « *tribunal criminel ordonne qu'il sera poursuivi, à rai-* « *son de ces nouveaux faits, devant le directeur du jury* « *du lieu où il tient ses séances, mais seulement dans le* « *cas où ces nouveaux faits méritent une peine plus forte* « *que les premiers. Dans ce cas, le tribunal surseoit à* « *l'exécution de la première peine jusqu'après le jugement* « *sur les nouveaux faits.* »

Ce texte ne formule pas davantage le principe du non cumul, mais, il l'implique certainement, dans son dernier alinéa, qui prescrit de surseoir à l'exécution de la première peine, si, à raison des nouveaux faits imputés à l'accusé, une seconde poursuite, dont l'issue serait l'application d'une peine plus grave, est nécessaire.

L'article 379 du Code d'instruction criminelle statue, sur notre hypothèse, dans les termes suivants :

« *Lorsque, pendant les débats qui auront précédé l'arrêt* « *de condamnation, l'accusé aura été inculpé, soit par des* « *pièces, soit par des dépositions de témoins, sur d'autres* « *crimes que ceux dont il était accusé, si ces crimes nou-* « *vellement manifestés méritent une peine plus grave que* « *les premiers, ou si l'accusé a des complices en état d'ar-* « *restation, la Cour ordonnera qu'il soit poursuivi à rai-* « *son de ces nouveaux faits, suivant les formes prescrites*

« *par le présent Code. — Dans ces deux cas, le Procureur* « *général surseoira à l'exécution de l'arrêt qui a prononcé* « *la première condamnation, jusqu'à ce qu'il ait été statué* « *sur le second procès.* »

Cette dernière disposition, à la différence de l'article 446 du Code de l'an IV, qui n'établissait la possibilité pour le tribunal d'ordonner de nouvelles poursuites que, si le second délit comportait une peine plus forte, autorise ces mêmes poursuites dans l'hypothèse où le coupable a des complices, quelle que soit au surplus la peine qui puisse être prononcée pour la seconde infraction.

Nous avons pu constater que, parmi tous les textes que nous venons d'examiner, aucun n'a posé d'une façon indiscutable la règle prohibitive de la cumulation des peines et cependant, chacun d'eux suppose, pour que sa propre application ait une raison d'être, l'admission de cette règle.

Il était réservé à l'article 365 du Code d'instruction criminelle de la proclamer définitivement, dans les termes suivants : « *En cas de concours de plusieurs crimes ou* « *délits, la peine la plus forte sera seule prononcée.* »

Nous verrons, dans notre chapitre second, que divers auteurs se sont fondés sur la rédaction de cet article et sur la place qu'il occupe dans le Code d'instruction criminelle, pour restreindre sa portée à celle d'une simple disposition exceptionnelle. Ces auteurs se comptent aujourd'hui et, la fragilité de leur argumentation, nous permettra de reconnaître à notre texte, d'une façon plus indéniable, toute la valeur d'un principe de droit commun.

CHAPITRE SECOND

DE LA PORTÉE DU PRINCIPE DU NON CUMUL DES PEINES.

Pour déterminer le champ d'application du principe du non cumul des peines, il convient de rechercher successivement la solution des deux questions suivantes :

1° Le principe du non cumul s'applique-t-il à toutes les infractions ou bien ce principe comporte-t-il des exceptions ?

2° Le principe du non cumul s'applique-t-il à toutes les peines ? En d'autres termes, toutes les peines sont-elles soumises à la règle de l'absorption, ou bien quelques-unes d'entre elles y échappent-elles ?

L'examen de ces deux points fera l'objet de deux sections.

SECTION I

Des infractions dont le concours donne lieu au non cumul des peines.

Avant d'aborder l'étude de cette section, il nous paraît utile de rechercher si la règle, posée par l'article 365 du

Code d'instruction criminelle, est une règle générale de droit pénal ou si elle ne constitue qu'une exception au principe du cumul des peines qui conserverait dès lors toute son autorité.

Nous avons constaté, dans notre chapitre précédent, la tendance marquée de l'ancien droit et de notre législation intermédiaire, vers l'établissement de la règle de l'absorption des peines. Nous avons pu suivre l'éclosion de ce principe se dégageant, insensiblement, sous l'inspiration de la jurisprudence des pays allemands et, plus tard, des idées philosophiques du XVIIIe siècle, de l'influence de nos coutumes qui n'étaient elles-mêmes que le reflet d'une interprétation erronée des textes du droit romain.

Nous avons vu la loi des 16 et 29 septembre 1791, et le Code des délits et des peines du 3 Brumaire an IV, comme s'ils redoutaient d'attaquer de front l'ancienne règle du cumul, introduire, dans leur contexte, d'une façon implicite, sous la forme de dispositions relatives à la procédure des affaires soumises au jury, le principe du non cumul.

Ce n'était là que tentatives timorées, règles partielles édictées à l'occasion d'espèces juridiques particulières, conséquences plutôt qu'affirmations d'un grand principe de droit pénal qui n'osait encore se préciser, mais dont on sentait l'influence latente, en marge du Code. Il était permis de supposer, qu'en 1808, au moment de la refonte de notre droit criminel, le législateur aurait consacré l'orientation nouvelle des idées juridiques sur ce point, en proclamant, nettement, la règle qui allait régir désormais le concours d'infractions.

Nous regrettons qu'il ne l'ait fait que d'une manière un peu ambiguë, dans un article qui, par la place qu'il occupe dans le Code et par sa rédaction, a donné lieu, pendant longtemps, à de vives controverses. La jurisprudence et la doctrine, dont le rôle est de parer aux oublis et aux inexpériences des législateurs, ont fort heureusement fait prompte justice de toutes les théories rétrogrades, qui se sont obstinées à restreindre la portée juridique de l'article 365 au rôle étroit d'exception au principe du cumul, quand il n'était, au contraire, en fait, que la consécration éclatante du principe du non cumul, devenu désormais règle de droit commun.

D'excellents auteurs,[1] en effet, ont contesté, à l'article 365, sa valeur de principe général, et, il n'est pas sans intérêt, pour la clarté de notre sujet, bien que ces discussions soient plutôt, aujourd'hui, d'ordre purement historique, d'exposer très succinctement les arguments dont ils se sont prévalus.

Et tout d'abord, disent ces auteurs, si le législateur avait voulu édicter une règle générale, il n'eût pas choisi, pour ce faire, le Code d'instruction criminelle. Il s'agissait, en effet, d'un problème de pénalité qui n'intéressait qu'accessoirement, au même titre que la récidive par

---

[1] *Trébutien*, Tome 1, page 317. — *Dupin*, Sirey, 1862, I, 496.

exemple, la procédure criminelle, et qui trouvait sa place normale, dans cette partie du droit criminel que nous pourrions appeler le *précepte* et qui traite des infractions et du système des peines : le Code pénal.

Au surplus, ajoute-t-on, l'article 365 est placé sous la rubrique « *des affaires soumises au jury* ». N'est-il pas d'interprétation constante, que les titres d'un Code ne sont que les schémas des matières que ces titres contiennent, et, lorsqu'il s'agit notamment d'éclairer un texte obscur, ou d'interpréter, comme dans notre cas, ce que l'on prétend être une trop grande concision, n'est-ce pas faire œuvre de mauvais commentateur que de dépasser les limites d'un titre qui n'aurait plus de raison d'être, s'il était permis d'en étendre la compréhension. L'article 365 est compris sous la rubrique « *des affaires soumises au jury* » : ce sont ces seules affaires qu'il concerne : c'est au profit de ces seules affaires, qu'il consacre une exception à la règle du cumul qui conserve toute la force et toute l'autorité qu'elle n'a jamais cessé d'avoir.

Nous ne saurions partager cette opinion.

Il est, tout d'abord, contestable que, lors de la rédaction du Code de 1808, notamment, l'ancien principe du cumul des peines ait conservé l'influence que veulent bien lui prêter nos adversaires. Il est constant, au contraire, qu'un courant d'idées hostiles à cette règle s'était nettement manifesté. Le cumul se comprenait, en effet, dans l'ancienne France, en raison de ce fait qu'il trouvait un effectif contre-poids dans la théorie de l'*application arbitraire des peines.* Nous avons vu précédemment que la loi et la coutume, laissaient aux juges et, en particulier, aux Parlements, toute latitude en matière de pénalité : le magistrat pouvait, non seulement choisir, à son gré, parmi toutes les peines en usage dans le royaume, celle qui lui paraissait convenir au criminel qu'il jugeait, mais encore, il lui était loisible d'atténuer cette peine, en abrégeant sa durée si elle était simplement privative de liberté, en modérant sa cruauté, si elle se fondait sur une torture ou sur une souffrance corporelle.

La Révolution avait proclamé des règles de répression toutes contraires à celles de l'ancien droit. La déclaration des Droits de l'Homme du 26 août 1789, rompant en visière avec les coutumes jusqu'alors en usage, avait affirmé, en son article 8, que « *nul ne peut être puni qu'en* « *vertu d'une loi établie et promulguée antérieurement au* « *délit et légalement appliquée* ». C'était supprimer, d'une façon radicale, la théorie de l'application arbitraire des peines et, par suite, le tempérament nécessaire qui enlevait à la règle du cumul ce qu'elle avait d'inhumain et de profondément cruel. Dès lors, cette règle ne pouvait plus subsister, sa rigueur n'étant plus en harmonie avec les idées ambiantes. Les législateurs de 1791 et de l'an IV lui ont porté les premiers coups ; celui de 1808 n'a fait qu'achever cette œuvre.

Certes, il est regrettable, à tous points de vue, qu'il n'ait pas suivi, en cette matière, toute la méthode désirable. Mais il n'en est pas moins vrai que ces critiques byzantines et, notamment, celles qui se fondent sur la place occupée dans le Code par notre article, sont inopérantes, parce qu'elles n'affaiblissent en rien la portée de la règle. Le mode de procéder du législateur de 1808 peut trouver aisément son explication : il traite de l'application des peines en cour d'assises, c'est-à-dire, de la répression des plus graves infractions, les crimes, devant la juridiction la plus élevée : la cour d'assises ; il est tout naturel qu'il ait saisi cette occasion, pour proclamer la règle du non cumul.

Aussi bien, est-il injuste de lui reprocher d'avoir légèrement outrepassé les limites de la tâche qui lui était assignée, quand cet empiètement sur un Code pénal, qui ne devait être promulgué que deux années plus tard, est amplement légitimé, par le désir de mettre fin à des controverses motivées par l'indécision qu'entraînait l'absence de textes précis en cette matière.

L'orateur du Gouvernement devant le Corps législatif, M. Faure, a d'ailleurs mis en lumière, très nettement et sans aucune restriction, dans son exposé des motifs, l'esprit du projet de loi qu'il présentait à l'assentiment du Parlement.[1]

« Le projet, dit-il, se décide formellement contre la « cumulation des peines : jusqu'ici, les cours de justice « criminelle se sont interdit cette cumulation plutôt d'a- « près une jurisprudence que d'après un texte formel ;

[1] Locré, Tome 25, page 577.

« mais, en telle matière, tout doit être réglé par la loi... »

Au surplus, le système adverse n'est-il pas condamné par les conséquences auxquelles il aboutit ?

Comment expliquer, logiquement, l'application de la règle du cumul à la seule hypothèse de deux crimes compris dans une poursuite unique et déférés simultanément au jury. Nous comprenons fort bien, ainsi que nous le verrons plus loin, que le législateur ait exclu les contraventions de simple police : ce sont des actes purement matériels, frappés de peines très minimes dont le cumul ne peut présenter aucun caractère d'inhumanité ; mais les délits, qu'ils soient soumis aux tribunaux correctionnels ou à la cour d'assises, sont de la même essence que les crimes : ils comportent des pénalités très graves dont les *maxima*, ajoutés les uns aux autres, peuvent absorber une partie de la vie du délinquant. Pourquoi les soumettre à la règle de l'article 365, quand ils sont poursuivis devant la cour d'assises, et les soustraire à cette règle, devant les juridictions correctionnelles ?

En outre, pourquoi restreindre, en matière de crimes, la règle du non cumul au seul cas où les deux crimes sont poursuivis simultanément devant cette cour d'assises ? N'est-ce pas faire dépendre le sort d'un accusé du bon vouloir d'un ministère public, qui joindra ou scindera, à son gré, les deux instances ?

Enfin, il n'est pas possible d'admettre que, le changement de juridiction, entraîne une modification de pénalité :

Voici un crime commis par un mineur qui est également convaincu d'un autre délit ou d'un crime pour lequel il n'a pas encore subi d'expiation. Si ce mineur a des complices, il sera traduit devant la cour d'assises et bénéficiera ainsi de la règle du non cumul ; — s'il n'a pas de complices, il sera poursuivi devant le tribunal correctionnel[1] et, dans ce cas, il faudrait lui refuser le bénéfice de cette même règle ? Ceci revient à dire qu'il encourra une peine plus ou moins sévère, selon la nature des juridictions devant lesquelles il comparaîtra. C'est inadmissible.

Si nous consultons la législation postérieure à la promulgation du Code de 1808, que ce soit le Code pénal de 1810, d'autres Codes ou des lois spéciales, nous nous trouvons en présence, d'une part, de l'affirmation la plus nette du non cumul comme principe général de pénalité ; d'autre part, de la nécessité absolue dans laquelle se trouve placé le législateur, d'indiquer, formellement, par un texte spécial, les cas dans lesquels il fait retour à l'ancienne règle du cumul. Qu'il nous suffise de citer simplement :

— les articles 220 et 245 du Code pénal relatifs à la rébellion et à l'évasion des prisonniers ;

— les lois du 3 septembre 1807 sur le taux de l'intérêt, du 3 mai 1844 sur la police de la chasse, etc. ;

— les articles 135 du Code de justice militaire, pour

[1] Article 68 du Code pénal.

l'armée de terre du 9 juin 1857 et 165 du Code de justice militaire, pour l'armée de mer.

Il est donc incontestable que l'article 365 pose une règle de pénalité générale, qui donne entière satisfaction aux idées de justice et d'humanité, bases des théories criminelles modernes. Elle permet d'éviter une cumulation de peines qui aurait pu aboutir à une condamnation perpétuelle ou à l'absorption de la fortune totale du délinquant. La société, en ne réprimant pas de suite la première infraction, n'est-elle pas en faute ? et n'est-il pas juste d'atténuer, ici, la sanction, en n'appliquant qu'une seule peine, quand on peut se demander si, averti par un premier châtiment, le criminel ne se serait pas abstenu de commettre un second délit.

La question de savoir à quelles classes d'infractions s'applique le principe du non cumul doit être examinée :

1° En ce qui concerne les infractions prévues par le Code pénal ;

2° Par rapport aux infractions régies par des lois spéciales.

§ 1er. — *Infractions prévues par le Code pénal.*

C'est, nous l'avons vu, en traitant des affaires soumises au jury, et tout à fait incidemment, que le principe du non cumul a été formulé dans le Code d'instruction criminelle. A prendre à la lettre l'article 365 de ce Code, il semble que notre principe soit inapplicable aux infractions déférées, soit aux tribunaux correctionnels, soit aux tribunaux de simple police ; seuls, les crimes ou les délits dont le jugement appartient aux cours d'assises, pourraient, en cas de concours, être soumis à l'application de la règle du non cumul des peines.

Cette opinion a d'abord été consacrée en jurisprudence.

Spécialement, la Cour de cassation, a jugé que la place occupée par l'article 365, était déterminante et que l'on ne pouvait faire application de ce texte, au cas de délits poursuivis devant le tribunal correctionnel.[1]

Nous savons que quelques auteurs ont, également, prétendu que la prohibition du cumul des peines était une règle exceptionnelle, dont les articles 365 et 379 du Code d'instruction criminelle, faisaient deux applications, isolées et spéciales, au cas de poursuite devant la cour d'assises, et que, la règle contraire, devait être admise devant les autres juridictions.

Nous avons examiné précédemment cette opinion et démontré la faiblesse des arguments de ses partisans. Nous n'y reviendrons pas.

Dès 1835,[2] la Cour de cassation abandonnait le premier système qu'elle avait adopté, et, aujourd'hui, la question n'est guère plus discutée qu'au point de vue spécial de l'histoire du droit.

---

[1] Cassation, 15 juin 1821. — Cassation, 14 novembre 1832.

[2] Cassation, 26 janvier 1837, Bull. cass. crim. n° 30. — Cassation, 21 décembre 1895, Bull. cass. crim. n° 339.

Il nous faut remarquer, cependant, que l'évolution de la jurisprudence dans le sens de l'application extensive de la règle du non cumul, avait, tout d'abord, été exagérée. C'est ainsi que la Cour de cassation, par ses arrêts du 23 mars 1837 et du 22 février 1840,[1] avait décidé, que la règle posée par l'article 365 du Code pénal, devait s'appliquer aux contraventions de simple police.

« Attendu, dit la Cour, dans le second de ces arrêts, « que le premier paragraphe de l'article 365 est conçu « en termes généraux et ne fait aucune distinction entre « les délits et les contraventions ; qu'il faut entendre, « dans le même sens, les termes du deuxième paragra- « phe, où le mot délit est employé, par opposition au « mot crime, pour indiquer les infractions qui ont un ca- « ractère de criminalité moins grave et comprend, dès « lors, les délits proprement dits et les contraventions de « simple police ; qu'il ne saurait, en effet, exister aucun « motif pour que la peine du crime absorbât celle du « délit et n'absorbât pas celle de la contravention... »

D'autres arrêts, s'inspirant de la jurisprudence de celui de 1840, avaient également décidé que la seconde disposition de l'article 365 était applicable à toutes les classes d'infractions.

Mais, la pratique ne tarda pas à révéler les inconvénients de cette théorie, dont l'application soulevait de nombreuses difficultés, en entravant l'administration de

---

[1] Cassation, 22 février 1840, Bull. cass. crim. n° 64.

la justice et dont le fondement légal n'était pas, ainsi que nous le verrons plus loin, justifiable en droit.

Dans l'état de la jurisprudence antérieure à 1832, qui restreignait le principe du non cumul aux crimes et aux délits poursuivis devant la cour d'assises, le magistrat se bornait à poursuivre les contrevenants, à intervalles rapprochés, sans se préoccuper, en intentant une seconde poursuite devant le tribunal de simple police, du point de savoir si la première avait abouti à une condamnation définitive. Puis, il faisait masse des procès-verbaux et cumulait les peines encourues. Mais, avec la jurisprudence nouvelle de 1832, le cumul des amendes n'était plus possible qu'au moyen d'une seconde condamnation, obtenue en dehors de la sphère d'application de la théorie du concours d'infractions, c'est-à-dire, après que la première condamnation était devenue définitive. Cette situation de fait entraînait des longueurs de procédure interminables, les contrevenants ayant imaginé un expédient fort habile, pour espacer le plus possible les condamnations dont ils étaient l'objet. Lorsqu'ils étaient cités à comparaître, ils faisaient défaut : le juge de police prononçait une amende. Le jugement, pour être ultérieurement exécuté, devait être signifié, d'une part à l'intéressé et, d'autre part à la Régie qui avait, seule, le soin du recouvrement des amendes. Or, la Régie avait coutume d'accorder un délai de trente jours pour le paiement : le contrevenant laissait s'écouler ce laps de temps, ne payait pas, et avait soin de ne frapper d'opposition le jugement par défaut rendu contre lui que lors de la saisie. Il fallait donc, en définitive, attendre plus de deux mois, avant de pouvoir obtenir une condamnation passée en force de chose jugée, deux mois, pendant lesquels l'intéressé ne se faisait pas faute d'accumuler contraventions sur contraventions.

Ces conséquences fâcheuses de l'état de choses créé par l'arrêt de la Cour de cassation de 1832, ont été mises en relief par M. le Procureur général Dupin, dans l'un de ses réquisitoires resté fameux.[1]

« Les vidangeurs, les entrepreneurs de voitures pu-
« bliques, les boulangers, ont été avertis que, lorsqu'une
« fois qu'ils avaient commis une contravention punissa-
« ble, ils pouvaient, pendant les deux mois nécessaires
« pour obtenir une condamnation définitive, contrevenir
« chaque jour aux règlements qui ont pour objet la sa-
« lubrité publique, la sûreté des voyageurs, la santé des
« citoyens, et que le nombre des condamnations, accu-
« mulées dans cet intervalle, ne donnait jamais lieu, con-
« tre eux, qu'à une simple amende de simple police. »

La règle de l'absorption, ainsi appliquée, était donc, en réalité, une véritable protection pour les contrevenants qui échappaient, avec d'autant plus de facilité aux rigueurs de la loi, qu'ils ne pouvaient être l'objet d'arrestation préventive.

L'extension de l'article 365, préconisée par la Cour de

---

[1] Arrêt du 7 juin 1842, Sirey, 42, 1, 496.

cassation, était-elle justifiée en droit? Certes non, et les principes de la matière autant que les textes, autorisent à penser que le législateur a entendu exclure formellement, du champ d'application de l'article 365, les contraventions.

Et d'abord, les motifs qui ont fait admettre la règle prohibitive du cumul des peines, ne sauraient être invoqués à l'égard des contraventions. Ici, en effet, point d'endurcissement à redouter, à raison du défaut de poursuites, point de rechute excusable par l'absence d'un avertissement. Les contraventions ne sont, le plus souvent, que de simples négligences ou omissions, punies, par la loi, dans un intérêt public, sans que l'on ait égard à l'intention de celui qui les a commises. Au surplus, la pénalité, en matière de contraventions, est régie par des principes spéciaux. Ainsi, la récidive ne peut exister qu'à la double condition : 1° que la nouvelle contravention ne soit pas séparée de plus de douze mois de la condamnation antérieure ; 2° que la première et la seconde contraventions soient commises dans le ressort du même tribunal de police (article 483 du Code pénal).

Il ne faudrait donc pas être surpris outre mesure de voir le législateur déroger, en cette matière, aux principes généraux.

D'ailleurs, les peines applicables aux contraventions, emprisonnement ou amende, sont tellement minimes que l'on n'a pas à craindre, comme s'il s'agissait de délits ou de crimes, que leur addition aboutisse à une confiscation générale des biens ou à une privation perpétuelle de liberté.

Ajoutez encore que, si le juge devait se conformer à la règle de l'absorption, il ne trouverait pas, dans le maximum des peines sanctionnant les contraventions de simple police, un moyen de répression suffisamment énergique.

Si, maintenant, nous nous reportons aux textes, nous pouvons constater que, ni l'article 365, ni l'article 379 du Code d'instruction criminelle — et ce sont les seules dispositions pénales qui établissent formellement le principe du non cumul — ne font allusion aux contraventions. L'article 365, qui, nous le savons, régit aussi, dans son deuxième paragraphe, les délits, est muet en ce qui concerne les contraventions.[1] Ce silence des textes nous paraît absolument décisif.

Dans les arrêts qu'elle a rendus de 1837 à 1842, la Cour de cassation s'est cependant fondée, principalement, sur l'article 365, pour étayer sa thèse de l'extension du non cumul aux contraventions et MM. Chauveau et Hélie, qui ont persisté à soutenir ce système, font encore, de ce texte, la clef de voûte de leur argumentation.

Le raisonnement de ces deux auteurs est le suivant :

L'expression de « délits » est un terme générique qui

---

[1] Pareille observation s'applique à l'article 63, § 2, de la loi du 29 juillet 1881 sur la Presse, qui n'est que la reproduction pure et simple du principe posé par notre article 365.

englobe, d'une façon générale, tous les faits punissables. Dans l'article 365, il est employé, par opposition au mot « crime », pour désigner les infractions qui ont un caractère de criminalité moins grave : il comprend donc et les délits proprement dits et les contraventions. Nous n'en voulons comme confirmation que le premier paragraphe de notre article, aux termes duquel la cour d'assises doit prononcer la peine établie par la loi, même dans le cas où le *fait* défendu ne se trouverait plus être de sa compétence. Or, dit-on, le fait cesse d'être de la compétence de la cour d'assises lorsqu'il devient, au cours des débats, soit un délit, soit une contravention ; et cependant, dans ces deux cas, la cour a qualité pour prononcer une peine ; l'article 365, dans son premier paragraphe, comprend donc sous la même dénomination de « *fait* » les délits et les contraventions. Comment, dès lors, admettre que le second paragraphe puisse contenir une distinction que réprouve le premier ?

Ce raisonnement est inopérant à notre avis.

Il n'y a nulle contradiction à prétendre, comme nous le faisons, que l'expression « *fait* », contenue dans la première partie de l'article 365, enveloppe dans sa compréhension les délits et les contraventions et que, d'autre part, celle de « *délit* », comprise dans le second alinéa du même texte, ne vise que les délits, à l'exclusion des contraventions. La Cour de cassation elle-même, revenant sur sa jurisprudence antérieure, l'a formellement reconnu dans un arrêt resté célèbre et rendu toutes chambres réunies,[1] le 7 juin 1842, sur les conclusions du Procureur général Dupin.

« Attendu, dit l'arrêt, qu'il importe peu que la pre-
« mière partie de l'article 365 du Code d'instruction cri-
« minelle attribue aux cours d'assises une compétence gé-
« nérale sur tous les faits qui sont constatés devant elle ;
« que l'étendue de cette compétence est la conséquence
« naturelle de la juridiction qu'elles exercent ; mais
« qu'on n'en peut conclure qu'elle emporte nécessaire-
« ment avec elle l'obligation d'appliquer, sans aucune
« distinction, à tous les faits sur lesquels ces cours peu-
« vent être appelées à prononcer, la défense du cumul des
« peines ; que la loi a pu, en effet, par des raisons d'in-
« térêt public, prescrire, à une juridiction supérieure, de
« statuer sur des faits qui ne sont pas habituellement
« portés devant elle et laisser, cependant, aux principes
« généraux sur la nature et l'étendue des peines, toute
« leur application ; qu'il n'en pourrait être autrement
« qu'au moyen d'une dérogation expresse à ces précep-
« tes et que, celle qui a été introduite dans la seconde
« partie de l'article 365 du Code d'instruction criminelle,
« ne porte pas sur les cas où il s'agit de contraventions
« de police. »

Il est donc indiscutable que la règle du non cumul n'est pas applicable en matière de contraventions de simple police.

---

[1] Sirey, 1842, 1, 496. — Voyez, pour la jurisprudence la plus récente : Cassation, 9 janvier 1890, D., 90, I, 239.

Il faut en conclure que, dans le cas de concours de contraventions, il y aura lieu, pour le juge, de prononcer autant de peines qu'il y a de contraventions distinctes soumises à son examen.

C'est ainsi que l'aubergiste est passible d'autant d'amendes qu'il a omis de voyageurs sur le registre que la loi lui fait obligation de tenir (Cass. 8 janvier 1864, D. 66, 5, 343).

De même, chaque fait spécial de vente, par un boucher, au-dessus de la taxe, doit être réprimé par la prononciation d'une amende distincte (Cass. 24 juin 1865, D. 65, 5, 38).

Toutefois, il peut arriver que plusieurs faits constituent une contravention unique et non plusieurs contraventions distinctes : dans ce cas, la répression ne comporte qu'une seule peine.

La Cour de cassation a jugé, par exemple, qu'il y avait contravention unique, passible d'une seule amende, dans le fait, par l'adjudicataire de l'enlèvement des boues d'une ville, d'avoir omis d'enlever les tas de boues et d'immondices déposés dans les rues (Cass. 13 janvier 1874, D. 74, 1, 453). Et cependant elle décidait, par le même arrêt et dans la même affaire, que les infractions à l'obligation du balayage ou de l'arrosage, commises, le même jour, par l'entrepreneur chargé par la commune de ces travaux, étaient punissables, séparément, et proportionnellement au nombre de places et édifices publics négligés.

Le principe que l'article 365 est inapplicable aux contraventions, s'applique, aussi, en cas de concours d'un crime ou d'un délit et d'une contravention.[1] Le juge fera, en quelque sorte, la part distributive de la règle de l'absorption des peines et de celles du cumul. En d'autres termes, les peines des contraventions se cumuleront avec la peine unique du délit ou du crime le plus grave.

Si nous supposons, par exemple, un individu poursuivi pour exercice illégal de la médecine, escroquerie et vol qualifié : la peine du délit d'escroquerie se confondra avec celle du crime de vol qualifié ; mais, l'exercice illégal de la médecine constituant une simple contravention, l'amende qui en sera la sanction, sera encourue et viendra se cumuler avec la peine prononcée à raison du vol qualifié.

La combinaison de la double règle que nous venons de poser, celle de l'absorption ou du non cumul pour les crimes et les délits et celle de l'addition ou du cumul pour les contraventions, a fait naître une difficulté, en ce qui concerne les infractions appelées, par certains auteurs,[2] *contraventions-délits* ou *délits contraventionnels*.[3]

---

[1] Divers arrêts récents : Cass. Chambres réunies, 13 juin 1884, D. 1888, 2, 279. — Cass. 28 mai 1891, D. 1892, 1, 195.

[2] Notamment M. Blanche, I, n° 4.

[3] Ces infractions sont appelées délits contraventionnels parce qu'elles sont, à la fois, délit et contravention : délit, puisqu'elles sont frappées de peines correctionnelles ; contravention, parce que le juge ne se préoccupe pas de la bonne foi de l'agent.

Y a-t-il lieu d'appliquer à ces infractions la règle du non cumul ? Faut-il, au contraire, les assimiler aux contraventions ordinaires et prononcer autant de peines que d'infractions distinctes ?

Cette question a perdu, de nos jours, tout son intérêt pratique. La théorie des délits contraventionnels est à peu près unanimement abandonnée dans la doctrine et dans la jurisprudence.[1] La Cour de cassation a énoncé, d'une façon très nette, dans un arrêt du 13 avril 1883 (S. 85, 1, 401), les principes qui doivent nous guider en cette matière. « Aux termes de l'article 1er du Code pénal, « dit l'arrêt, la qualification de délit appartient à tout fait « punissable de peine correctionnelle. »

C'est bien là, en effet, le seul critérium légal. Il convient donc d'envisager les délits contraventionnels, à tous les points de vue, comme des délits. Spécialement il est hors de doute, qu'en matière de concours d'infractions, le juge ne devra prononcer qu'une seule peine, conformément à la règle de l'article 365 du Code d'instruction criminelle.

La jurisprudence a consacré, depuis longtemps déjà, cette solution (Cass. 13 juillet 1886, S. 86, 1, 234 ; 22 avril 1887, S. 88, 1, 397). Cependant, certains de ses arrêts ont jugé que la règle du cumul des peines devait être appliquée en l'espèce et, notamment, à toutes les infrac-

---

[1] Villey, France judiciaire, 1886, article intitulé « *Fin des Délits contraventionnels* ».

tions aux lois sur la police des chemins de fer[1] et sur les travaux des enfants dans les manufactures.[2] Mais, ces diverses décisions judiciaires, ne contredisent qu'en apparence, les principes que nous venons d'exposer : elles sont, en effet, motivées par des considérations spéciales d'ordre public et, elles ne font que s'inspirer de l'esprit qui a présidé à la confection des lois du 15 juillet 1845 et du 17 mai 1874. Il résulte, au surplus, des travaux préparatoires de ces lois,[3] que le législateur entendait soumettre formellement nos infractions à la règle du cumul des peines.

§ 2. — *Infractions prévues par les lois spéciales.*

Nous venons de voir dans quelles limites la règle du non cumul des peines s'appliquait aux infractions prévues par le Code pénal. Nous allons examiner maintenant ce qu'il faut penser de cette règle par rapport aux lois spéciales.

Nous diviserons, pour plus de clarté, l'examen de cette question en deux parties et nous nous supposerons en présence *(A)* de lois postérieures au Code pénal de 1810 ;

(B) de lois antérieures à ce Code.

---

[1] Voyez Cassation, 27 janv. 1883, S. 85, 2, 403.

[2] Cass. 9 juin 1883, S. 85, 1, 282, et note de M. Villey sous arrêt Cass. 23 février 1884, S. 84, I, 233.

[3] Nous discuterons plus loin, et d'une façon plus complète, ce point, à l'occasion des difficultés soulevées par l'application de l'article 27 de la loi du 15 juillet 1845.

(A) *Infractions prévues par des lois postérieures au Code pénal.*

Cette hypothèse ne présente aucune difficulté. Le Code pénal et le Code d'instruction criminelle constituent, en effet, le droit commun en matière criminelle : leurs préceptes doivent donc réglementer toutes les questions auxquelles les lois spéciales ne donnent pas une solution expresse. Par conséquent, la règle de l'article 365 doit recevoir sa stricte application, en notre espèce, toutes les fois qu'il n'y aura pas été dérogé formellement ou implicitement.[1]

La jurisprudence est bien arrêtée en ce sens. Ainsi, il a été jugé que l'ivresse manifeste commise, en état de récidive, constituant un délit, ne comporte pas le cumul des peines au cas de réitération (Cass. 24 avril 1885, S. 1887, 1, 331).

A plus forte raison, le cumul ne serait pas admis s'il s'agissait, non plus du concours de deux infractions prévues par des lois spéciales, mais, du concours de deux

---

[1] Il y a des lois pour lesquelles le doute ne peut exister : ce sont celles qui ont reproduit expressément la règle de l'article 365 du Code d'instruction criminelle. Il en est ainsi de la loi du 29 juillet 1881 sur la Presse, dont l'article 63, § 2, porte « qu'en cas de conviction de plusieurs crimes ou délits prévus « par la présente loi, les peines ne se cumuleront pas, et la « peine la plus forte sera seule prononcée ». — L'article 17 de la loi du 3 mai 1844, sur la police de la chasse, édicte également la règle de l'absorption d'une façon formelle.

délits dont l'un, serait puni par le Code pénal et l'autre, par une loi spéciale postérieure au Code.

Il a été jugé, en ce sens, que la peine du délit d'homicide par imprudence ne pouvait être cumulée avec des amendes encourues pour infractions à la police du roulage (Cass. 24 novembre 1864).

Nous nous proposons au surplus de rechercher, dans une partie ultérieure de notre étude, quelles sont les lois qui ont apporté une dérogation tacite ou expresse à notre principe.

(B) *Infractions prévues par des lois antérieures au Code pénal.*

Cette hypothèse est un peu plus délicate.

Il est évident, tout d'abord, que, pour les rares auteurs qui ont envisagé la règle du non cumul des peines comme une règle d'exception, comme une simple dérogation au vieux principe du cumul qui aurait conservé, malgré tout, sa force et son autorité de principe de droit commun, la théorie de l'article 365 ne pourra recevoir une application strictement légale qu'en vertu d'un texte formel; ces auteurs refuseront, par suite, d'étendre le bénéfice de cet article aux lois qui ont précédé le Code qui le contenait.

La controverse n'est possible et intéressante qu'entre adeptes de la théorie pénale courante, suivant laquelle, la règle du non cumul a toute la valeur d'une règle générale, d'un précepte de droit criminel.

Trois situations doivent être examinées:

(a) Les délits réitérés sont, tous, prévus par des lois antérieures au Code pénal.

(*b*) Parmi les délits poursuivis, l'un est prévu par une loi antérieure au Code, l'autre par le Code pénal.

(*c*) Concours d'un premier délit prévu par une loi antérieure au Code et d'un second délit prévu par une loi postérieure.

(*a*)

Certains auteurs repoussent, dans cette hypothèse, l'application de la règle de l'article 365.

En effet, dit-on, si le législateur avait entendu étendre la portée du texte qu'il promulguait aux lois antérieures, il l'eut, sans nul doute, spécifié d'une façon formelle.

D'autre part, le Code d'instruction criminelle et le Code pénal, constituent un ensemble de dispositions légales, une sorte de *bloc* dont il ne faut distraire aucune partie : les textes de l'un expliquent ou modifient les textes de l'autre. Or l'article 484 du Code pénal dispose que « *dans* « *toutes les matières qui n'ont pas été réglées par le pré-* « *sent Code et qui sont régies par des lois et règlements* « *particuliers, les Cours et les tribunaux continueront de* « *les observer* ».

Il paraît bien résulter de cette disposition, que la publication des deux Codes de 1808 et de 1810, n'a apporté aucune modification à la répression des délits punis par des lois spéciales ; que, par suite, c'est à ces lois spéciales — aux textes qu'elles peuvent contenir et, à défaut de textes formels, à l'esprit qui les a dictées — qu'il faut se référer, pour savoir si le cumul des peines doit être rejeté à l'égard des infractions qu'elles régissent. Si le principe de l'article 365 ne s'y trouve pas exposé, d'une façon précise ou implicite, les juges ne sauraient l'y introduire, sans modifier la pénalité et sans violer l'article 484 du Code pénal.[1]

Nous pensons, avec les auteurs les plus récents,[2] que ce système doit être écarté et qu'il convient d'appliquer, d'une façon absolue, aussi bien aux infractions prévues par des lois antérieures au Code qu'à celles prévues par des lois postérieures, la règle de l'article 365.

Cette solution résulte, à notre avis, de l'article 365 lui-même, qui ne fait aucune distinction et qui, placé dans le Code d'instruction criminelle promulgué en 1808, a dû statuer principalement pour les crimes et délits punis par les lois alors en vigueur. Suivant les expressions fort justes de M. Ortolan (tome 1er n° 1173), il est certain que le Code d'instruction criminelle, en son article 365, pas plus que le Code de Brumaire an IV, en son article 446 ; « n'ont eu en vue de restreindre leur disposition aux cas « à venir d'un futur Code pénal dont les lois n'ont été « promulguées qu'en 1810. Leurs termes n'expriment « aucune restriction à cet égard ».

---

[1] *Mangin*, Traité de l'action publique, II, 462. — *Le Sellyer*, Criminalité et Pénalité, I, n° 271. — *Bertauld*, Cours de droit pénal, p. 338. — *Trébutien*, Cours, I, n° 338.

[2] *Garraud*, II, p. 284. — *Normand*, Traité élémentaire, n° 430. — *Villey*, Précis, p. 156.

Nous ajouterons que l'argument, que l'on prétend tirer, dans le système opposé, de l'article 484 du Code pénal, est sans force. Car, s'il est vrai que les dispositions de ce dernier Code soient sans action sur les matières régies par des lois antérieures, il n'en est pas de même des dispositions incluses dans le Code d'instruction criminelle ; nous ne trouvons, dans ce Code, aucun texte semblable à l'article 484 du Code pénal et, par suite, il n'est pas douteux qu'il régisse toutes les lois qui lui sont antérieures ou contemporaines.

Cette considération, que le Code d'instruction criminelle et le Code pénal ne forment qu'un seul corps de droit criminel dont toutes les parties se commandent les unes les autres, ne saurait justifier l'extension de l'article 484 du Code pénal, aux matières contenues dans le Code de procédure pénale. Cet article est conçu dans des termes formels, dont la netteté exclut toute discussion et toute interprétation. « Dans toutes les matières qui n'ont « pas été réglées *par le présent Code*.... »

Aussi bien, le principe du non cumul des peines eût-il été inséré dans le Code pénal lui-même, qu'il serait encore possible de soutenir qu'il échappe aux prescriptions de l'article 484. N'est-on pas obligé d'admettre, par exemple, que la règle de la non rétroactivité des lois pénales, édictée par l'article 4, doit commander les lois antérieures au Code pénal ? La règle du non cumul nous apparaît, avec le même caractère de disposition générale que celle de l'article 4 et, dès lors, la même solution doit lui être applicable.

Malgré ces considérations qui nous semblent décisives, la jurisprudence a persisté à soutenir le premier système.

Certains auteurs[1] ont cru apercevoir, dans un arrêt de la Cour de cassation du 28 janvier 1876, une modification à cette jurisprudence. Mais, nous pensons que cet arrêt n'est qu'une décision isolée, qui ne permet pas de conclure que le dessin général des idées de la Cour suprême, à ce sujet, ait pu subir une sérieuse déviation.

Nous comprenons fort bien que la lecture des motifs de cet arrêt, ait pu conduire les commentateurs à croire, que la Cour de cassation se rangeait, désormais, du côté des partisans du système de l'extension du non cumul, aux infractions réprimées par des lois antérieures au Code pénal.

« La loi de 1816 et la loi d'organisation des 6-21 août « 1791, dit la Cour, ne repoussent ni expressément par « une déclaration formelle, ni implicitement par la na- « ture de leurs dispositions, le principe du non cumul « des peines criminelles et correctionnelles, admis, en « partie, dans les lois des 16-20 septembre 1791 ou dans « le Code du 3 Brumaire an IV, et établi par l'article « 365 du Code d'instruction criminelle. »

Mais, appelée, dans la suite et à diverses reprises, à se prononcer sur la question, la Cour a maintenu sa juris-

---

[1] *Garraud*, Traité de droit pénal, II, p. 286, note 14. — V. aussi la note sous l'arrêt de 1876, D. 76, 1, 329.

prudence première d'une façon très ferme et qui ne laisse place à aucun doute.[1]

(*b*)

Envisageons, maintenant, l'hypothèse dans laquelle, des deux faits en présence, l'un est prévu par le Code pénal et l'autre relève de lois antérieures au Code d'instruction criminelle et qui préconisent le cumul des peines. Le juge devra-t-il faire application de la règle édictée par l'article 365 du Code d'instruction criminelle? Devra-t-il, au contraire, écarter cette règle pour s'en tenir à celle de la loi spéciale?[2]

La solution que nous avons admise dans l'hypothèse précédente, nous permet de résoudre, sans difficulté, cette question.

Si, en effet, le principe prohibitif du cumul des peines doit être appliqué, lorsque les diverses infractions en présence sont exclusivement réprimées par des lois antérieures au Code, à plus forte raison en sera-t-il de même, dans le cas où l'une de ces infractions est soumise au régime du Code.

La jurisprudence n'a pas hésité à se prononcer nette-

---

[1] Cass. 22 avril 1887. — Cass. 28 mai 1891.

[2] Le législateur, dans certains cas, s'est prononcé d'une façon formelle sur la question. Dans l'article 17 de la loi du 3 mai 1844, sur la police de la chasse, il a donné la préférence au principe de l'absorption. — L'article 207 du Code forestier, au contraire, fait prédominer le principe du cumul des peines.

ment en ce sens. Les arrêts qu'elle a rendus, sur ce sujet, sont nombreux ; nous ne retiendrons que celui-ci :

Un individu était poursuivi, simultanément, pour exercice illégal de la médecine, délit réprimé par la loi de Ventôse an XI, et pour crime de faux en écritures publiques, à raison de la substitution de nom qu'il avait opérée sur un diplôme. La Cour suprême a cassé la décision des premiers juges qui avaient prononcé une peine distincte pour chaque infraction, en motivant ainsi sa sentence : « Si l'article 365 du Code d'instruction criminelle « ne s'applique pas aux lois antérieures, quand tous les « délits sont punis par des lois antérieures, il en est au- « trement dans le cas où l'une des infractions est prévue « par le Code pénal. »[1]

(c)

Supposons, enfin, que le juge se trouve en présence d'un premier délit, prévu par une loi antérieure au Code, et, d'un second délit, prévu par une loi postérieure.

Nous admettrons encore, dans cette hypothèse, le principe du non cumul. Il est de toute évidence que l'article 365 régit les lois qui lui sont postérieures : dès lors, l'existence d'un fait réprimé par l'une de ces lois, suffit à justifier l'application du principe du non cumul.

Cependant, certaines difficultés se sont présentées à l'occasion d'infractions en matière de douanes. Parmi ces

[1] Cass. 22 avril 1887, D. 1887, 1, 506. — Voir aussi Cass. 28 mai 1891, D. 1892, 1, 195.

infractions, les unes sont prévues par des textes de l'époque révolutionnaire, les autres par la loi du 28 avril 1816. Aussi, jusqu'en 1876, la jurisprudence a paru hésitante : ce n'est qu'à cette époque que la Cour de cassation, par un arrêt du 28 janvier 1876 (D. 76, 1, 329), a consacré définitivement la théorie du non cumul des peines, contrairement aux conclusions du ministère public, M. l'avocat général Desjardins.

Cet éminent magistrat invoquait, à l'appui de sa thèse, le caractère exceptionnel de la législation douanière. Il faisait observer, en outre, que l'article 484 du Code pénal, dans sa rédaction primitive, prescrivait aux tribunaux « de continuer à observer et à faire exécuter les dispositions des lois et des règlements relatifs : 1° aux contributions indirectes, droits réunis ou douanes..... », et que, cette partie du texte, n'avait été retranchée que pour éviter l'inconvénient d'une énumération qui eût risqué d'être incomplète. Rien ne permettant de démontrer que le législateur de 1810 ou le législateur de 1816, aient entendu soumettre les infractions, en matière de douanes, au régime de l'article 365, n'est-on pas autorisé implicitement à s'en référer à la rédaction primitive précitée. C'était, au surplus, l'opinion de la chambre criminelle de la Cour de cassation qui déclarait, dans un arrêt du 26 mars 1825, que « les contraventions aux lois et règlements sur « les contributions indirectes, expressément maintenues « par l'article 484 du Code pénal, n'ont absolument rien « de commun avec les dispositions de l'article 365 du

« Code d'instruction criminelle, qui ne concerne que les « crimes et les délits ordinaires ».

L'arrêt du 28 janvier 1876 a mis à néant cette argumentation, qui heurtait les plus récentes décisions, rendues par la Cour, relativement à l'application de l'article 365 aux lois postérieures au Code, en déclarant que le principe du non cumul des peines devait être appliqué toutes les fois que les lois spéciales n'y dérogeaient pas, soit d'une façon expresse, soit d'une façon tacite.[1]

Nous rappelons que nous avons déjà eu l'occasion d'indiquer que l'arrêt précité ne fait, même, aucune distinction entre les lois antérieures et les lois postérieures au Code d'instruction criminelle et que, certains auteurs, avaient pu conclure, à tort, de ce silence, que la Cour entendait généraliser, d'une manière absolue, l'application de l'article 365. Cette erreur a été démontrée, par les arrêts subséquents rendus dans les diverses hypothèses où les délits réitérés, sont tous prévus par des lois antérieures.

Il résulte de l'étude à laquelle nous nous sommes livrés sur la portée d'application de la règle du non cumul des peines, que cette règle est bien générale, qu'elle a toute la valeur d'un principe de pénalité et que, par suite,

[1] Nous croyons inutile de reproduire, ici, le texte des considérants de cet arrêt. Nous l'avons déjà inséré dans notre étude, à l'occasion de la discussion sur le point de savoir si la portée de l'article 365 peut être étendue aux infractions prévues par des lois antérieures au Code pénal.

elle est applicable à toutes les infractions atteintes de peines criminelles ou correctionnelles, quels que soient les textes qui les prévoient, à moins, cependant, que le législateur n'en ait, soit expressément, soit tacitement, écarté l'application.[1]

Il est, en effet, des dispositions légales qui établissent des exceptions à la règle du non cumul des peines, en cas de concours de crimes ou de délits. Ces dispositions peuvent se rencontrer, soit dans le Code pénal, soit dans les lois spéciales.

A. *Exceptions à la règle du non cumul, contenues dans le Code pénal.*

Ces dérogations pourront être utilement divisées en deux classes :

Tantôt, en effet, la loi repousse le principe du non cumul pour suivre celui de l'aggravation, tantôt elle s'écarte de ce principe pour revenir à l'ancienne règle du cumul.

§ 1er. — Cette première classe comprend deux hypothèses, prévues, l'une par l'article 279, l'autre par l'article 304 du Code pénal.

L'article 279 s'exprime ainsi :

« *Tout mendiant ou vagabond qui aura exercé quelque*

---

[1] Cette conclusion n'est contredite par la jurisprudence que, dans l'hypothèse où les délits poursuivis sont réprimés par des lois antérieures au Code, hypothèse qui se présente, de moins en moins, dans la pratique. Nous avons essayé de démontrer précédemment, combien cette exception était peu justifiée.

« *acte de violence que ce soit envers les personnes, sera*
« *puni de la réclusion, sans préjudice de peines plus for-*
« *tes s'il y a lieu, à raison du genre et des circonstances*
« *de la violence.* »

Cet article concerne donc, le concours du délit de violence et du délit de mendicité commis dans les circonstances spéciales de l'article 277 du Code pénal. Il prononce, dans cette espèce, la peine de la réclusion. Nous nous trouvons bien en présence d'une aggravation de la pénalité, puisque la loi édicte une peine criminelle quand, en fait, la peine attachée au délit le plus grave n'eût été qu'un emprisonnement correctionnel.

« Le but de la loi, disent MM. Chauveau et Hélie, a été
« de protéger les citoyens contre les déprédations de ces
« hommes isolés dont la vie errante favorise les entre-
« prises : l'acte de violence acquiert une plus haute gra-
« vité de cette existence nomade, parce qu'on peut croire
« qu'il en est le but et qu'il révèle une perversité plus
« habituelle. »

Dans l'article 304 du Code pénal, nous trouvons une exception du même genre à la règle du non cumul.

Cet article est ainsi conçu :

« *Le meurtre emportera la peine de mort, lorsqu'il*
« *aura précédé, accompagné ou suivi un autre crime. Le*
« *meurtre emportera également la peine de mort, lorsqu'il*
« *aura eu pour objet soit de préparer, faciliter ou exécu-*
« *ter un délit, soit de favoriser la fuite ou d'assurer l'im-*
« *punité des auteurs ou complices de ce délit.* »

Ainsi, aux termes de cet article, lorsque le juge se trouvera en présence du crime qualifié meurtre et d'un autre crime ou d'un délit, lorsque, d'autre part, les deux infractions auront été commises dans les circonstances sus-énoncées, il devra prononcer la peine de mort, c'est-à-dire, une peine aggravée, puisque le meurtre, perpétré seul, n'eût entraîné que les travaux forcés à perpétuité.

Le Code de 1791 contenait déjà une disposition à peu près analogue, avec cette différence que, son article 14, qui visait notre espèce, limitait les rigueurs de l'aggravation de peine au seul cas du crime de meurtre en concours avec un autre crime. Le Code de 1810 étendit la même aggravation aux délits. Ce n'est qu'en 1832 que le législateur, imbu d'idées plus humanitaires, donna à l'article 304 sa rédaction définitive, et distingua très nettement le cas où, le meurtre est en concours avec un autre crime, du cas où il se cumule avec un simple délit.

Au cas de co-existence du meurtre et d'un autre crime, la seule condition de l'aggravation est que ces deux infractions aient été simultanées, c'est-à-dire commises *in eodem tractu temporis*.

Nous avouons que, sur ce point, la loi nous paraît un peu rigoureuse : il nous aurait semblé, plus conforme à l'humanité et à la justice, de ne pas édifier une aggravation sur un simple lien de temps, indépendant de tout rapport de causalité.

Si le fait coexistant au crime de meurtre, n'est qu'un délit, ce fait ne devient circonstance aggravante, qu'autant qu'il est relié au meurtre par un rapport de causalité se manifestant, dans les conditions énoncées par l'article 304. C'est ainsi qu'il n'y aurait pas lieu à aggravation si, à l'inverse de l'hypothèse prévue par l'article précité, c'était le délit qui avait servi à préparer, faciliter ou exécuter le meurtre.

La rigueur de la loi peut s'expliquer par ce fait que, en se conformant à la règle du non cumul, elle eût été dans l'impossibilité absolue de tenir compte de la circonstance aggravante et, par suite, d'aggraver le sort du coupable, le crime comportant la peine la plus grave, c'est-à-dire le meurtre, étant puni des travaux forcés à perpétuité.

§ 2. — Le Code pénal abandonne le principe de l'article 365 pour revenir au principe du cumul des peines dans trois cas prévus par les articles 220, 245 et 236 de ce Code.

L'article 220 dispose:

« *La peine appliquée pour rébellion à des prisonniers* « *prévenus, accusés ou condamnés relativement à d'autres* « *crimes ou délits sera par eux subie, savoir: par ceux* « *qui, à raison des crimes ou délits qui ont causé leur dé-* « *tention, sont ou seraient condamnés à une peine non ca-* « *pitale ou perpétuelle, immédiatement après l'expiration* « *de cette peine ; et par les autres, immédiatement après* « *l'arrêt ou jugement, en dernier ressort, qui les aura ac-* « *quittés ou renvoyés absous du fait pour lequel ils étaient* « *détenus.* »

Le texte qui nous occupe est bien une exception à la règle de l'absorption, posée par l'article 365 du Code d'instruction criminelle et, en vertu de laquelle, le coupable, par l'accomplissement de la peine la plus grave qui lui soit applicable, expie tous les crimes et délits qu'il a pu commettre avant d'avoir subi une condamnation définitive.[1]

Toutefois les dispositions de l'article 220, qui sont relatives aux détenus condamnés, ne peuvent nous intéresser, ici, en aucune manière. Nous avons vu, en effet, qu'il était de toute nécessité, pour que l'hypothèse du concours d'infractions puisse se présenter, qu'aucun des faits délictueux, commis par l'agent, n'ait été l'objet d'une condamnation antérieure et irrévocable.

Notre article ne devient donc une exception à la règle du non cumul, qu'en ce qui concerne les prévenus et accusés, en état de détention préventive. Le texte décide, dans ce cas, que : 1° s'il intervient en leur faveur un arrêt ou un jugement d'acquittement, la peine qu'ils auront encourue, à raison de la rébellion dont ils s'étaient rendus coupables, ne commencera à courir que, du jour où l'arrêt ou le jugement, prononçant leur acquittement, aura été rendu en dernier ressort.

---

[1] Observons que l'article 220 du Code pénal, ainsi que l'article 245 que nous examinerons plus loin, fournissent un argument, d'une réelle efficacité, aux auteurs qui estiment, qu'il ne peut être question d'appliquer les règles spéciales de la récidive, que, lorsque la condamnation antérieure a été subie par le condamné (V. Cass. 25 février 1897).

Il s'ensuit, logiquement, que la durée de l'emprisonnement, subi avant le jugement ou l'arrêt, ne pourra pas être imputée sur la peine, par dérogation à l'article 24 du Code pénal, modifié par la loi du 15 novembre 1892.

2° Si, au contraire, une condamnation intervient, le détenu subira successivement : la condamnation à raison du fait pour lequel il est détenu et celle qu'il aura encourue, pour le fait de rébellion.

On conçoit aisément que si la peine prononcée pour le crime qui a amené la détention, est une peine capitale ou perpétuelle, la règle du cumul ne pourra recevoir son application.

Nous rapprocherons de l'hypothèse prévue par l'arti-220 du Code pénal, le cas d'évasion ou de tentative d'évasion régi par l'article 245 du même Code.

Voici la teneur de cet article :

« *A l'égard des détenus qui se seront évadés ou qui au-*
« *ront tenté de s'évader par bris de prison ou par violence,*
« *ils seront, pour ce seul fait, punis de six mois à un an*
« *d'emprisonnement et subiront cette peine immédiate-*
« *ment après l'expiration de celle qu'ils auront encourue*
« *pour le crime ou délit à raison duquel ils étaient déte-*
« *nus, ou, immédiatement après l'arrêt ou jugement qui*
« *les aura acquittés ou renvoyés absous dudit crime ou*
« *délit ; le tout, sans préjudice de plus fortes peines qu'ils*
« *auraient pu encourir, pour d'autres crimes qu'ils au-*
« *raient commis dans leurs violences.* »

Comme l'article 220 que nous avons examiné précédemment, notre texte distingue deux situations : ou bien le délit d'évasion a été commis pendant la prévention, ou bien, il a été perpétré après l'intervention de la condamnation. C'est dans la première de ces deux hypothèses seulement, que nous trouvons la dérogation à la règle du non cumul. En effet, c'est à l'égard des détenus préventivement, ou des délinquants détenus en vertu d'une condamnation non encore passée en force de chose jugée, qu'il était nécessaire de poser une exception au principe de la non cumulation des peines, ce principe ne pouvant protéger les détenus par suite de condamnation définitive.

Les dérogations, apportées par les articles 220 et 245 du Code pénal, trouvent leur justification dans ce fait que, la rébellion et l'évasion sont des actes très graves, non seulement, par leur nature propre, mais, par les conséquences qu'elles peuvent avoir au point de vue de l'ordre public. Si la loi ne s'était pas montrée d'une extrême sévérité, les détenus, prévenus de crimes ou de délits comportant un maximum de peine inférieur à celui qu'ils étaient susceptibles d'encourir, à raison de leur évasion, auraient eu tout intérêt à tenter de s'échapper : ils pouvaient espérer l'impunité, sans s'exposer à voir, au cas où leur tentative aurait échoué, le châtiment qui les attendait, augmenter de gravité.

Certains auteurs se sont demandés si le dernier alinéa de l'article 245 ainsi conçu : « *le tout sans préjudice de* « *plus fortes peines qu'ils* (les détenus) *auraient pu en-* « *courir pour d'autres crimes qu'ils auraient commis dans*

« *leurs violences* », constituait, lui aussi, une dérogation à la règle du non cumul des peines. La question s'est posée, à diverses reprises, et, notamment, en 1889, dans les conditions suivantes :

Plusieurs détenus inculpés de vols qualifiés avaient tenté de s'évader et s'étaient rendus coupables, au cours de leur évasion, de graves voies de fait envers leurs gardiens. Les poursuites, à raison des vols qualifiés, de l'évasion et des violences exercées contre les gardiens, n'avaient pas été jointes dans la même instance. Le 22 janvier 1889, un premier arrêt condamna les accusés en cinq années de travaux forcés, pour les soustractions frauduleuses qu'ils avaient commises ; le 26 janvier suivant, un second arrêt les frappa de six années de réclusion à raison des violences relevées à leur charge, en ordonnant que cette peine se confondrait avec celle qui avait été prononcée le 22 janvier.

Cette décision fut déférée à la Cour de cassation par le Procureur général, qui soutint que l'article 245 du Code pénal avait subi une double violation : d'une part, le dernier alinéa de cet article semble bien impliquer que, si les violences ont été assez graves pour constituer un crime ou un délit distinct, ce fait est puni, comme infraction *sui generis*, et la peine qui le sanctionne, ne doit pas être soumise à la règle du non cumul. D'autre part, la cour d'assises, saisie de l'affaire, n'ayant pas prononcé de peine distincte pour le délit d'évasion, s'était mise en contradiction formelle avec le même article 245.

Par arrêt du 2 mars 1889,[1] la Cour de cassation rejeta le premier moyen du pourvoi et accueillit le second. Elle estima que le dernier alinéa de l'article 245, n'était pas conçu en termes suffisamment explicites pour que l'on puisse prétendre, à juste titre, que le législateur ait entendu édicter une nouvelle dérogation à la règle du non cumul.

Il était hors de doute, au contraire, que la cour d'assises avait ouvertement violé le premier alinéa de notre article, en n'appliquant pas une peine spéciale au délit d'évasion.

Dans l'espèce, la cour d'assises aurait donc dû prononcer, à raison du crime de violences contre les gardiens, une condamnation à six années de réclusion et en ordonner la confusion avec celle prononcée, antérieurement, pour les vols qualifiés. Puis, le délit d'évasion aurait été l'objet d'une peine distincte de six mois à une année d'emprisonnement, dont la quotité se serait ajoutée aux pénalités précédentes.

Le troisième cas, dans lequel le Code pénal écarte la règle prohibitive du cumul des peines, est énoncé par l'article 236 :

« *Les témoins et jurés qui auront allégué une excuse re-*
« *connue fausse seront condamnés, outre les amendes pro-*
« *noncées pour la non comparution, à un emprisonnement*
« *de six jours à deux mois.* »

---

[1] Cass. 2 mars 1889, Bulletin cass. crim. 1889, n° 90.

Il importait, pour assurer la bonne administration de la justice et le fonctionnement normal de ses services, que les témoins et les jurés ne puissent pas impunément se soustraire, à l'aide de fausses excuses, aux devoirs qui leur incombent. La loi a pensé, avec juste raison, qu'il était nécessaire d'édicter une sanction assez rigoureuse pour contraindre à déposer et à siéger, par la crainte d'une peine assez élevée, tous les citoyens qui ne croiraient pas devoir se soumettre à ces obligations, de leur plein gré, et par simple déférence pour les juges.

B. *Exceptions à la règle du non cumul contenues dans des lois spéciales.*

Une première exception, résulte des lois du 3 septembre 1807 et du 19 décembre 1850, sur l'intérêt de l'argent et l'usure.

La loi a fixé un taux légal d'intérêt que l'on ne peut dépasser, sous peine de commettre un délit appelé : délit d'usure. Aux termes de l'article 4 de la loi de 1807, cette infraction d'habitude est punie d'une amende qui ne pourra, en aucun cas, excéder la moitié des capitaux prêtés à usure. Le même article, prévoyant l'hypothèse où, au délit d'usure, viendrait s'ajouter le délit d'escroquerie, dispose que la peine d'emprisonnement infligée, à raison du second délit, viendra se cumuler avec l'amende prononcée pour le premier.

M. Garraud (t. 2, n° 174, page 287) explique ainsi le motif de cette disposition :

« L'usurier, en général, plus sensible à la peine pécu-
« niaire qu'à l'emprisonnement, aurait compliqué d'es-
« croquerie son délit d'usure, ne serait-ce que pour éviter
« l'amende, par l'absorption avec l'emprisonnement... »

On a prétendu que l'article 4 de la loi du 3 septembre 1807 ne constituait pas, en réalité, une exception à la règle de l'article 365 du Code pénal. Cet article, a-t-on dit, exige qu'il y ait concours de plusieurs crimes ou délits, c'est-à-dire, de plusieurs infractions distinctes, pouvant donner lieu à l'application d'une peine particulière. Or, en fait, le délit d'escroquerie, auquel fait allusion l'article 4, n'est pas le délit réprimé par l'article 405 du Code pénal, mais bien une simple circonstance aggravante du délit d'habitude d'usure. L'usure n'est qu'une série de fraudes successives qui, lorsqu'elles s'enveloppent des manœuvres constitutives de l'escroquerie, ont paru suffisamment graves, au législateur, pour justifier la sanction d'une double peine.

Cette opinion ne compte plus que de rares partisans et la majorité des auteurs voit, aujourd'hui, dans l'article 4 de la loi de 1807, une véritable dérogation à la règle du non cumul des peines.

L'article 4 étant une disposition exceptionnelle, doit être interprété d'une façon restrictive et, s'il se joignait, notamment, à un délit d'usure, un délit de vol ou d'abus de confiance, l'article 365 du Code pénal recevrait son entière application : des deux peines encourues, la plus grave serait seule prononcée.

La Cour de cassation avait cependant décidé, dans plusieurs arrêts,[1] que, la dérogation apportée par l'article 4 à la règle du non cumul des peines, était applicable au cas d'abus de confiance.

Mais, elle n'a pas tardé à revenir à une interprétation plus saine des textes et, dans un arrêt du 28 janvier 1887,[2] elle a reconnu que « si, dans le concours du délit d'ha-
« bitude d'usure et d'un délit de droit commun, spécia-
« lement d'un délit de tenue de maison de prêt sur gages,
« l'amende proportionnelle afférente à l'usure, doit tou-
« jours être prononcée, cette amende ne saurait néan-
« moins être cumulée avec celle dont est passible le dé-
« lit de droit commun ».

La loi du 22 mars 1841, sur le travail des enfants dans les manufactures, dont les dispositions ont été reproduites par la loi du 19 mai 1874, apporte une autre exception à la règle prohibitive du cumul des peines.

Son article 25 dispose, en effet, que le patron, qui a contrevenu aux dispositions de la loi, sera poursuivi devant les tribunaux correctionnels et puni d'autant de peines qu'il aura commis d'infractions, sans, toutefois, que le total des amendes puisse dépasser la somme de 500 francs.

L'interdiction de cumuler les peines ne s'applique pas non plus en matière de contributions indirectes, d'octroi

---

[1] Cass. 13 nov. 1840, S. 41, 1, 96. — Cass. 26 nov. 1841, S. 42, I, 84.

[2] Cass. 28 janv. 1887, Pand. fr. 87, 1, 63.

et de douanes. Les amendes sont, en effet, moins considérées, ici, comme des peines que, comme des réparations civiles que l'on peut, sans inconvénient, ajouter les unes aux autres.

Enfin, un grand nombre d'autres lois ont écarté formellement l'application de la règle de l'article 365. Nous citerons : la loi du 3 mai 1844 (art. 17), sur la police de la chasse ; — la loi du 5 juillet 1844 (art. 42), sur les brevets d'invention ; — la loi du 23 juin 1857 (art. 10), sur les marques de fabrique et de commerce ; — puis, plus récemment, la loi du 2 novembre 1892, sur le travail des enfants, des filles mineures et des femmes dans les établissements industriels (art. 27) ; — la loi du 12 juin 1893, sur l'hygiène et la sécurité des travailleurs (art. 9, § 1er).[1]

A la différence des exceptions à la règle du non cumul, contenues dans les lois du 3 septembre 1807 et du 19 décembre 1850, exceptions qui reçoivent leur application, quelle que soit l'époque à laquelle les diverses infractions ont été commises, toutes les dérogations à l'article 365 du Code pénal, relatées dans les textes que nous venons d'énumérer, ne sont applicables que, si les délits qu'elles concernent, ont été séparés par l'avertissement

---

[1] La législation sur la Presse, antérieure à 1881, contenait, également, certaines exceptions au principe du non cumul. Ces exceptions ont été abrogées, par l'article 63 de la loi du 29 juillet 1881, qui a reproduit, à peu près textuellement, l'article 365 du Code d'instruction criminelle.

d'une poursuite. Cette condition s'explique, par le désir qu'a eu le législateur, de mettre un terme aux manœuvres de certains délinquants qui, poursuivis pour une première infraction, ne craignaient pas d'en commettre plusieurs autres, parce qu'ils savaient que la règle du non cumul leur assurait l'impunité.

La loi du 15 juillet 1845, sur la police des chemins de fer, aurait dû figurer au nombre des lois que nous avons énoncées plus haut, mais nous avons cru devoir en réserver l'étude parce que son interprétation donnait lieu parfois, en pratique, à une difficulté intéressante.

L'article 27 de cette loi spécifie que :

« *En cas de conviction de plusieurs crimes ou délits*
« *prévus par la présente loi ou par le Code pénal, la peine*
« *la plus forte sera seule prononcée. Les peines encourues,*
« *pour des faits postérieurs à la poursuite, pourront être*
« *cumulées, sans préjudice des peines de la récidive.* »

Il résulte, des termes de ce texte, que la loi de 1845 consacre, d'une part, le système du non cumul dans le cas de concours d'infractions ; d'autre part, la règle du cumul, lorsque, après l'avertissement d'une première poursuite, le délinquant se rend coupable d'autres infractions, dont les peines, dès lors, ne seront pas absorbées par celle qui a sanctionné le premier délit, si cette peine est la plus grave.

Toutefois, les contraventions en matière de police des chemins de fer, sont unanimement rangées, dans la classe des délits contraventionnels, et nous avons vu, précédemment, que la jurisprudence et la doctrine, s'accordaient pour voir, dans ces sortes de faits, de véritables délits, soumis, comme tels, au régime du non cumul. Dans ces conditions, il semble que l'article 27 soit en contradiction avec nos principes généraux de droit pénal, en appliquant aux infractions qu'il réprime, la règle du cumul.

La jurisprudence, bien que les contraventions à la loi sur la police des chemins de fer soient punies de peines correctionnelles qui sont les critéres des délits, se fondant, en outre, sur les travaux préparatoires et sur l'esprit de la loi de 1845, a formellement décidé que le système du cumul prévaudrait.

Un arrêt de la Cour de cassation du 27 janvier 1883[1] s'est prononcé, d'une manière très ferme, en ce sens :

« Attendu que les infractions aux règles qui régissent « la police de la grande voirie, ont le caractère de con« traventions ; que, d'après l'article 27 de la loi du 15 « juillet 1845, la disposition de l'article 365 du Code pé« nal est exclusivement applicable aux crimes et délits, « et que la proposition d'étendre le principe du non cu« mul des peines, même aux contraventions, a été re« poussée expressément par le législateur. »

[1] S. 85, 1, 403.

SECTION II

Des peines auxquelles s'applique le principe du non cumul.

Nous avons envisagé, dans la section première de ce chapitre, la règle du non cumul, au point de vue des infractions ; nous nous proposons, dans ce chapitre second, de résoudre la question de savoir, à quelles peines cette même règle est applicable.

L'article 365 du Code d'instruction criminelle ayant formulé la règle du non cumul, en considération des seules infractions, et, sans apporter aucune restriction à l'égard des peines qui les répriment, il semble bien, au premier abord, que l'on doive appliquer cette règle, à toutes les peines criminelles ou correctionnelles.

Néanmoins, des difficultés se sont élevées relativement aux *peines pécuniaires, complémentaires* et *accessoires*.

En ce qui concerne *l'amende,* aucune complication ne saurait se présenter : les articles 9, 11 et 464 du Code pénal la comptent, au nombre des peines. Dès lors, ne pas la soumettre à la règle du non cumul, serait introduire, dans la loi, une distinction que l'on n'y trouve pas.[1]

Notons, cependant, que les amendes prononcées en

---

[1] Certains auteurs (Le Graverend, Traité de la Législation criminelle en France, t. 2, chap. 10) ont prétendu que l'article 365 ne pouvait pas s'appliquer aux amendes qui sont plutôt la réparation d'un délit qu'une peine proprement dite. Les articles 9, 11 et 464 du Code pénal suffisent à réfuter une semblable théorie.

matière fiscale, présentent le caractère de réparations civiles et doivent être cumulées. Il y aura donc lieu, pour les juges, de condamner le prévenu à autant d'amendes qu'il a commis d'infractions.

Quant aux *peines accessoires* proprement dites, c'est-à-dire, à celles qui, comme la dégradation civique ou l'interdiction légale, sont la conséquence directe d'une peine principale, il est de toute évidence que, si la peine principale est absorbée, la peine accessoire se trouve écartée par voie de conséquence. Il nous paraîtrait même plus exact de dire, que la question du non cumul ne se pose pas, à l'égard de ces peines : elles suivent, invariablement, le sort de la peine principale qu'elles accompagnent.[1]

Mais quid ? pour les *peines complémentaires*, telles que, la confiscation spéciale, l'interdiction de séjour, la publicité par voie d'affiche du jugement ? Toutes ces peines sont attachées, non à la peine principale, mais à l'infraction elle-même ; faudra-t-il décider qu'elles disparaissent, comme les peines accessoires, lorsque la peine principale est absorbée ?

Sur ce point, la controverse est très vive.

S'il faut en croire un premier système, les peines complémentaires ne doivent pas être distinguées des peines accessoires ; celles-là, comme celles-ci, seront soumises à la règle du non cumul.

En effet, dit-on, l'article 365 ne contient aucune dis-

---

[1] Paris, 7 juin 1851, S. 51, 2, 35. — Garraud, Tome II, p. 279.

tinction à ce sujet ; et, toutes les restrictions que l'on voudrait apporter au principe qu'il énonce, seraient arbitraires.

Que, si l'on objecte que l'application de l'article 365 soulève une difficulté invincible, par rapport aux peines complémentaires, à raison de l'absence de critérium pour déterminer la valeur comparative de ces peines, les partisans de l'opinion que nous exposons, répondent que cette difficulté peut être aisément résolue. La gravité d'une peine complémentaire ne peut jamais dépasser celle de la peine principale à laquelle elle vient s'ajouter. Par conséquent, si la peine principale disparaît par l'effet du non cumul, la peine complémentaire doit également disparaître.[1]

La majorité des criminalistes et une jurisprudence constante, rejettent, avec raison, cette manière de voir et admettent que les peines complémentaires, doivent toujours être prononcées avec la peine principale la plus forte, qui remplace la peine principale dont elles sont le complément.

En effet, le législateur a créé les peines complémentaires, plutôt pour prévenir le renouvellement d'une infraction, que pour en assurer la répression. Ces peines sont des mesures de protection sociale et, l'on ne comprendrait pas, que la société fût privée du bénéfice qu'elles

---

[1] Laborde, Cours de Droit criminel, 2e édition, page 381.

sont appelées à lui procurer, en raison de ce fait, que le coupable aurait commis une autre infraction plus grave et qu'il se serait révélé, comme un malfaiteur plus dangereux. Ainsi que le fait observer fort justement un auteur,[1] « un vagabond qui mérite, comme tel, d'être placé sous « la surveillance de la haute police (on dirait aujourd'hui interdiction de séjour), ne cesse pas de mériter « cette précaution, parce qu'il devient, en outre, un escroc ou un voleur ». — En d'autres termes, les peines complémentaires sont l'accessoire d'une infraction plutôt que l'accessoire de la peine principale, à laquelle elles sont ou paraissent attachées. Or, l'infraction ne disparaît pas, parce que la peine qui la réprime, étant moins forte que celle d'une autre infraction, s'est trouvée absorbée. L'infraction subsiste, en quelque sorte, virtuellement ; dès lors, la peine complémentaire doit subsister, elle aussi, et le juge devra la prononcer.

D'autre part, l'application de la règle du non cumul des peines, suppose, nécessairement, la possibilité d'un examen comparatif de ces peines, afin de ne tenir compte que de la plus forte. Or, le critérium fait ici totalement défaut, car les peines complémentaires, à la différence des peines principales, ne sont point classées, par le Code, dans l'échelle des peines criminelles et correctionnelles.

On a répondu que la comparaison pourrait néanmoins être opérée, si l'on posait, en principe, que la gravité de la

---

[1] Blanche, Etudes sur le Code pénal, Tome Ier, n° 79.

peine complémentaire ne dépassait jamais celle de la peine principale. Cette réplique n'est pas satisfaisante, car, il n'y a aucun rapprochement à établir, entre les peines complémentaires et les peines principales ; leur nature est toute différente et le but qu'elles poursuivent, les unes et les autres, ne saurait être confondu.

La conséquence pratique de l'opinion que nous admettons est que le juge, appelé à faire l'application de la règle du non cumul des peines, dans l'hypothèse du concours de crimes et de délits, devra prononcer la peine complémentaire attachée à la peine principale la plus faible, bien qu'elle se trouve absorbée par une autre peine principale plus forte.[1]

Voici quelques espèces, dans lesquelles la jurisprudence a fait l'application de cette théorie :

Un braconnier, surpris en action de chasse, par un garde, s'était rendu coupable de violences sur la personne de ce dernier. La Cour de cassation a jugé que, si la peine du délit de chasse était absorbée par la peine infligée à raison du crime de violences, la confiscation de l'arme qui a servi à la perpétration du délit de chasse devait cependant être prononcée. (Arrêt du 6 mars 1856, D. 56, 1, 224.)

---

[1] V. en ce sens : *Ortolan*, II, n° 1164. — *Garraud*, II, n° 172. — *Blanche*, I, 201. — Le projet de la Commission de revision du Code pénal adopte également ce système dans son article 90 : « Les peines de la confiscation spéciale, à raison de « plusieurs crimes, délits ou contraventions, seront toujours « cumulées. »

De même, dans une autre espèce, un individu était poursuivi, simultanément, pour ivresse manifeste et rébellion ; la peine applicable au délit de rébellion, étant la plus forte, avait, seule, été prononcée. Toutefois, le prévenu avait pu, en outre, être condamné à l'interdiction, pendant deux années, des droits mentionnés en l'article 3 de la loi de 1873, peine complémentaire attachée au délit d'ivresse manifeste sur la voie publique. (Arrêt de cassation du 30 juin 1881, S. 83, 1, 333.)

Cependant, la jurisprudence admet, dans certains cas, le non cumul des peines complémentaires. Spécialement, les arrêts décident, que les peines complémentaires ne doivent pas être prononcées, lorsqu'il y a incompatibilité entre elles et la peine la plus grave.

C'est ainsi que, la Cour de cassation, annule les décisions qui appliquent concurremment la relégation et l'interdiction de séjour[1] ou bien, la relégation et les travaux forcés à perpétuité,[2] sous le prétexte qu'il existe une incompatibilité absolue entre ces diverses peines.

Nous ne saurions, en ce qui nous concerne, adhérer à ces restrictions et nous estimons qu'il serait préférable de ne pas abandonner, ici, l'application de la règle du cumul aux peines complémentaires.

Rien ne s'oppose, en effet, à ce que les cours et tribunaux prononcent les peines complémentaires, sauf à en

[1] Cass. 11 sept. 1890, D. 90, 1, 376. — Cass. 17 février 1893, D. 94, 1, 32.

[2] Cass. 26 juin 1886, D. 86, 1, 478.

subordonner l'exécution au cas où la première peine ne serait pas exécutée. Par ce moyen, on conjure les inconvénients que présente le système admis en jurisprudence.

Supposons que le relégué, obtienne une dispense définitive de la relégation pour cause d'infirmité ou de maladie, par là même, il échappera à l'interdiction de séjour, car, les tribunaux ont perdu le droit de la lui infliger, leur juridiction étant épuisée.

Il en serait de même, si le condamné aux travaux forcés à perpétuité venait à bénéficier d'une amnistie ou à être gracié : il serait soustrait de plein droit à la relégation.

CHAPITRE TROISIÈME

DU FONCTIONNEMENT PRATIQUE DU PRINCIPE DU NON CUMUL DES PEINES.

La règle du non cumul des peines est formulée, par l'article 365 du Code d'instruction criminelle, dans les termes suivants :

« *En cas de conviction de plusieurs crimes ou de plu-*
« *sieurs délits, la peine la plus forte sera seule pro-*
« *noncée.* »

Nous nous proposons d'étudier, dans ce chapitre, la mise en pratique de cette règle.

Nous aurons à rechercher d'abord le sens de l'article 365. Que faut-il entendre par *peine la plus forte ?*

Puis, cette détermination une fois faite, nous examinerons la mise en pratique de la règle par le juge, soit dans l'hypothèse d'une poursuite unique, soit dans l'hypothèse de poursuites distinctes.

Enfin, nous aurons à préciser les conséquences de la violation de la règle du non cumul, ce qui nous conduira à déterminer quelle est l'autorité chargée de la faire respecter.

Ces trois ordres d'idées motiveront trois sections.

SECTION I

Recherche de la peine la plus forte.

Pour qu'il lui soit possible d'appliquer la peine la plus forte,[1] conformément aux prescriptions de l'article 365, le juge doit comparer la gravité respective des peines qui concourent entre elles, soit dans l'hypothèse du concours réel ou matériel, soit dans l'hypothèse du concours idéal ou intellectuel qui ne rentre pas expressément dans les prévisions de notre texte.

Le *critérium* qu'il devra suivre sera celui qui résulte de l'ordre de gravité indiqué par le Code pénal lui-même, dans ses articles 7, 8, 9 et 464. Ces articles, nous le savons, répartissent les peines en tenant compte, à la fois, de leur nature et du degré qu'elles occupent dans l'échelle pénale.

Nous tirons de ce principe deux déductions :

1° En premier lieu, si les peines sont *de nature différente*, aucune difficulté n'est possible ; la peine criminelle sera réputée plus forte que la peine correctionnelle et celle-ci plus forte que la peine de simple police.

Ainsi, par exemple, une peine correctionnelle sera toujours absorbée par une peine criminelle, quelle que soit,

---

[1] Notons que la question de la gravité comparative des peines n'est point spéciale à notre matière et qu'elle se pose aussi, notamment, à propos de la règle de la non rétroactivité des lois pénales.

d'ailleurs, la durée de l'une et de l'autre : cinq années de réclusion (peine criminelle) absorberont huit ou dix années d'emprisonnement (peine correctionnelle).

Au surplus, ces décisions sont conformes au décret du 23 juillet 1810 relatif à la publication des Codes criminels, qui s'exprime ainsi : « Si la nature de la peine prononcée « par le nouveau Code pénal était moins forte que celle « prononcée par le Code actuel, les Cours et tribunaux « appliqueront les peines du nouveau Code. »

2° Les peines étant *de même nature* et *non de même degré*, la plus grave sera celle qui occupe le degré le plus élevé dans l'échelle pénale telle qu'elle est établie, dans les articles 7 et 8, pour les peines criminelles, dans l'article 9 pour les peines correctionnelles.

Ainsi, la première des condamnations est de douze années de travaux forcés tandis que la seconde est de huit années de réclusion : En consultant l'échelle des peines, on prononcera l'absorption des huit années de réclusion, cette peine occupant, dans l'article 7, un degré au-dessous de celle des travaux forcés.

Mais, il faut observer ici encore que le juge ne doit tenir aucun compte de la durée et de la quotité respectives des deux peines : une peine d'emprisonnement fût-elle réduite à quelques jours seulement, par l'effet de circonstances atténuantes, l'emportera sur une amende de plusieurs milliers de francs.

De même, nous estimons qu'il n'y aurait pas à tenir compte, dans l'hypothèse où deux peines criminelles sont en concours, de ce fait que, l'une, est une peine spéciale aux crimes politiques. L'article 7, en effet, ne fait aucune distinction dans le classement qu'il établit.

Conséquemment, nous décidons que la détention, peine politique, doit être réputée moins forte que la réclusion.[1]

Même solution et pour les mêmes motifs, dans le cas où la peine de la déportation simple serait en concours avec la peine des travaux forcés à temps.

Toutefois, la question semble plus délicate quand les deux peines encourues sont, l'une la déportation dans une enceinte fortifiée, l'autre les travaux forcés à perpétuité. Il serait possible de prétendre, pour soutenir que la première de ces deux peines est la plus forte, qu'elle a été créée par la loi du 8 juin 1850 pour remplacer, en matière de crimes politiques, la peine de mort. Nous estimons, malgré cette raison, que la peine des travaux forcés à perpétuité l'emporterait sur celle de la détention dans une enceinte fortifiée. Cette dernière peine n'est, en effet, qu'une variété de la déportation simple : c'est donc l'article 7 qui devra être, ici encore, notre critérium ; or, dans l'énumération de ce texte, elle est primée par la peine des travaux forcés à perpétuité qui devra, dès lors, être seule exécutée.[2]

Mais, le principe qui nous a servi à résoudre les hypothèses précédentes, ne peut plus nous être d'aucune uti-

---

[1] Sic Cass. 18 janvier 1850, D. 1850, 5, 549.

[2] Ortolan, Eléments de Droit pénal, 6e éd., n° 1638. — Garraud, Traité de Droit pénal, p. 278.

lité, dans le cas où les peines en concours sont *de même nature et de même degré.*

Ici, le seul critérium sera la durée.

En conséquence, entre deux délits punis par la loi, l'un, d'une année d'emprisonnement, l'autre, de cinq années de la même peine, la seconde de ces condamnations devra être, seule, prononcée.[1]

A durée égale, la prédominance sera marquée par une peine qui devra être ajoutée à l'une d'elles : si, par exemple, nous supposons, en présence, deux peines d'emprisonnement d'égale durée dont l'une est accompagnée d'une amende, c'est cette dernière peine qui sera considérée comme la plus forte.

Au reste, il est inutile d'ajouter que, lorsque la comparaison s'établit entre deux amendes seulement, c'est par leur quotité que s'apprécie leur gravité.

Mais que faut-il décider, lorsque le concours existe entre peines de même nature et de même degré ne comportant pas l'indication d'une quotité unique, mais celle d'un *maximum* et d'un *minimum*? Auquel de ces deux termes faut-il s'attacher, pour déterminer la sévérité respective des peines?

La solution dépend, tout d'abord, de la comparaison du maximum, puisque la loi donne au juge la faculté de s'élever jusque-là.[2]

---

[1] Rouen, 21 avril 1853, S. 1854, 2, 27.

[2] C'est en ce sens que se prononce le Code des Pays-Bas,

Si le maximum est identique, il y aura lieu d'estimer la supériorité, par la comparaison du minimum : la peine la plus forte sera celle dont le minimum sera le plus élevé.

Mais, il peut se faire, que les peines en présence, diffèrent, à la fois, par leur maximum et par leur minimum, et que l'une d'elles se trouve supérieure, quant à son maximum, et inférieure, quant à son minimum : il s'agit, par exemple, d'une part, d'un emprisonnement de un mois à cinq ans (cas prévu par l'article 317 du Code pénal), et, d'autre part, d'un emprisonnement de trois mois à deux ans (hypothèse régie par l'article 319 du même Code).

Nous pensons que le juge pourrait élever la condamnation à cinq années d'emprisonnement et qu'il ne pourrait l'abaisser, sauf le cas de circonstances atténuantes pour le dernier délit, au-dessous de trois mois d'emprisonnement.

En effet, si le cumul d'infractions n'est pas, dans notre législation, une cause d'aggravation de la peine la plus forte qui, selon l'article 365 du Code d'instruction criminelle, ne fait qu'absorber les peines les moins graves, il ne saurait être, à coup sûr, une cause d'atténuation de la peine inférieure. Or, cette situation se présenterait, sans nul doute, si le juge pouvait abaisser

---

en son article 61, ainsi conçu : « La gravité relative des peines de même nature est fixée par le maximum. »

la peine au-dessous du minimum de l'une des deux peines.

On ne saurait éprouver de difficultés, dans l'hypothèse où les deux peines seraient égales et identiques, c'est-à-dire *de même nature, de même degré* et *de même durée*. Il serait, en effet, contraire au bon sens, de proposer d'additionner les deux peines, sous prétexte que la règle du non cumul suppose et nécessite, pour son application, l'existence d'une peine plus forte que les autres. La loi décide, en termes généraux, mais certains, que les peines ne se cumulent pas, et la circonstance que les peines encourues ne se distinguent pas, les unes des autres, par quelque différence, n'est pas suffisante pour faire échec à la règle de l'article 365 du Code d'instruction criminelle.

Il nous reste à envisager une dernière situation.

Nous nous sommes, jusqu'à présent, placés en présence de peines principales et, nous avons déterminé leur gravité, en nous fondant sur leur nature, sur leur degré et sur la comparaison de leur maximum et de leur minimum, quand elles étaient de même nature et de même degré.

Mais, que décider, si les dispositions répressives se présentent avec un caractère facultatif pour le juge ? Comment, en pareil cas, établir une comparaison et apprécier leur gravité respective ?

La Cour de cassation a jugé que, lorsqu'un des délits était puni d'une amende ou de l'emprisonnement, au gré du juge, et l'autre d'une amende seulement, mais d'un taux plus élevé, si le juge croyait convenable d'écarter la peine de l'emprisonnement et de ne prononcer qu'une amende, la balance s'établirait entre les deux peines pécuniaires, et ce serait celle qui comporterait la quotité la plus élevée qui devrait être prononcée. (Cassation, 10 avril 1841.)

Nous adhérons pleinement à la doctrine préconisée par cet arrêt. En d'autres termes, nous considérons que la comparaison ne peut s'établir qu'autant que le juge a exercé son choix entre les peines qu'il a la faculté de prononcer.

SECTION II

De l'application de la règle du non cumul par le juge.

La règle générale du non cumul des peines et la règle exceptionnelle du cumul doivent recevoir leur application : soit, dans le cas où les infractions concurrentes ont été comprises dans une seule et même poursuite, soit, lorsqu'elles font l'objet de poursuites distinctes et successives.

Nous examinerons chacun de ces cas dans deux paragraphes.

§ 1er. — *Les infractions concurrentes sont poursuivies dans une même instance.*

Cette hypothèse est la plus simple. Elle correspond exactement à la règle posée par l'article 365 : « *En cas de*

« *conviction de plusieurs crimes ou délits, la peine la plus* « *forte sera seule prononcée.* »

La mission du juge consistera à rechercher, parmi les diverses peines encourues, à raison de chacune des condamnations, quelle est celle qui l'emporte par sa gravité. Nous avons établi, dans la section précédente, les principales solutions que comporte cette détermination ; nous savons, en outre, que l'article 365 n'avait pas la portée qui lui était attribuée, dans la première partie de ce siècle,[1] d'obliger le juge à prononcer le maximum de la peine la plus grave. Les rédacteurs de notre législation criminelle ont tranché le problème de pénalité que soulève le concours des délits, en ce sens, que le juge doit appliquer *la plus grave* des peines encourues. Un tel système présente, sans doute, de grands inconvénients : il ne donne satisfaction ni à la justice ni aux exigences de la sécurité sociale ; mais c'est celui du Code et nous devons le respecter.

Ainsi donc, lorsque la peine la plus grave comporte un maximum, le juge reste maître, dans son appréciation, d'atteindre ce maximum ou de s'en tenir à des peines qui lui soient inférieures. En d'autres termes, le concours d'infractions constitue, en France, une *circonstance aggravante judiciaire*, et non, comme dans certaines législations de date plus récente, *une cause d'aggravation légale* de la peine.

---

[1] Cass. 27 fév. 1824, S. 24, 1, 399. — *Le Graverend,* Traité de la Législation criminelle, t. II, page 266.

On s'est demandé si le juge, dans le cas où les infractions concurrentes sont comprises dans les mêmes débats, ne devait prononcer que la peine la plus forte et passer sous silence la peine absorbée, ou si, au contraire, il ne devait pas prononcer simultanément les deux peines, en ordonnant que la plus forte serait, seule, subie.

L'intérêt pratique de la question est le suivant :

Il apparaît, d'abord, au point de vue de *l'amnistie* : l'accusé est poursuivi pour un crime politique comportant la peine de la déportation et pour un crime de droit commun qui entraîne la peine de la réclusion. Supposons que le juge ne prononce que la déportation : si, plus tard, le crime politique vient à disparaître par l'effet d'une amnistie, le condamné jouira de l'impunité pour le crime de droit commun dont il a été cependant reconnu coupable.

Un auteur[1] a proposé, dans cette espèce, de saisir à nouveau la cour d'assises, pour faire prononcer la peine afférente au crime passible de la relégation. Mais ce mode de procéder est inacceptable, car il se heurte au principe de la chose jugée. D'autre part, il se peut que le délai de la prescription de l'action, contre l'infraction la moins grave, se soit écoulé et il est, dans ce cas, plus manifestement impossible de ressaisir le juge.

La question présente un second intérêt pratique, au point de vue de la *récidive*. Reprenons l'hypothèse précé-

---

[1] *Lair,* Revue pratique de Droit, Tome X, page 27.

dente : la condamnation à la déportation étant effacée par l'effet de l'amnistie, la réclusion d'autre part n'ayant pas été prononcée, l'amnistié aura pu, par ce moyen, éviter la récidive, dans le cas où il commettrait postérieurement un autre délit.

Le même inconvénient se présenterait, s'il s'agissait d'une peine unique, prononcée dans l'hypothèse de concours d'un délit militaire et d'un délit de droit commun. Si le jugement de condamnation ne prononce pas formellement la peine des travaux publics afférente au délit militaire qui, nous le supposons, aurait été absorbée par la peine plus grave de droit commun, cette condamnation ne peut servir de base à la récidive.[1]

Enfin, un intérêt analogue se présente au point de vue de la *relégation*.

Si, dans les divers exemples que nous venons de citer, le juge n'a prononcé que la peine la plus forte, et si cette peine ne figure pas au nombre de celles qui motivent la relégation (articles 3 et 4 de la loi du 27 mai 1885), la condamnation ne pourra pas être comptée dans le calcul des peines établi en vue de la relégation. Tandis que, si l'un des délits compris dans la poursuite comportait

[1] Cela résulte expressément des termes de l'article 56 *in fine* du Code pénal, ainsi conçu : « L'individu condamné par un « tribunal militaire ou maritime ne sera, en cas de crime ou « délit postérieur, passible des peines de la récidive, qu'autant « que la première condamnation aurait été prononcée pour « des crimes ou délits punissables d'après les lois pénales ordinaires. »

une peine de nature à entraîner la relégation et si, d'autre part, le juge avait prononcé les deux peines attachées à chaque infraction, en ordonnant leur confusion jnsqu'à concurrence de la plus forte, la condamnation aurait pu entrer en ligne de compte.

Le problème se pose, d'une autre façon, dans l'espèce suivante : un même tribunal statue sur deux délits de droit commun : un délit de vol et un délit de mendicité ; une seule peine de quatre mois d'emprisonnement a été prononcée ; à quelle infraction le juge a-t-il entendu attacher la peine ? Si c'est au vol, la peine d'emprisonnement comptera pour la relégation, puisque le vol est compris dans l'article 4 de la loi de 1885 ; si, au contraire, les quatre mois d'emprisonnement se rapportent, dans l'esprit du juge, au délit de mendicité, il n'en sera pas tenu compte.

Trois systèmes ont tenté de résoudre la question.

Le premier ne croit pas possible de faire compter le délit pour la relégation : l'intention du juge ne pouvant être connue d'une façon certaine, le doute doit bénéficier au condamné.

Le second conseille de rechercher lequel, des deux délits, comporte légalement la peine la plus grave : si ce délit est visé par la loi de 1885, il comptera pour la relégation.

Enfin, un troisième système décide de tenir compte, pour la relégation, de tout délit visé par la loi de 1885, sans se préoccuper du fait de savoir, si c'est à lui que la peine la plus forte a été attachée.

Ces trois théories ne nous semblent pas satisfaisantes et leurs inconséquences ne font que faire ressortir, d'une façon plus péremptoire, toute l'utilité pratique de la double condamnation.

Cette double condamnation est-elle possible ? Les textes s'opposent-ils à ce que le juge prononce expressément chacune des peines afférentes aux infractions concurrentes ?

Nous ne le pensons pas. Un argument, qui paraît d'une grande puissance au premier abord, a bien été tiré des termes mêmes de l'article 365, qui spécifie que la peine la plus forte sera seule *prononcée*. Mais, comme le dit fort justement M. Garraud (Traité de droit pénal, t. III, p. 38), il faut se pénétrer, avant tout, de cette idée qu'*il y a lieu pour le juge de prononcer autant de peines que de délits : tout autre mode de procéder aboutirait à la confusion des délits* et non à la *confusion des peines*.

En outre, la loi de 1791 et le Code de Brumaire an IV déclaraient, formellement, que toutes les peines devaient être prononcées par le juge. Or, l'article 365, qui a été édicté surtout pour prévoir le cas où les délits concurrents sont compris dans une même poursuite et faire, de la règle du non cumul, une règle de l'application des peines, n'a pas, sur d'autres points, dérogé à la législation antérieure.

On nous objectera bien que les deux lois sus-visées ne faisaient allusion qu'au seul cas de poursuites successives : mais, une règle de forme ne peut vraisemblablement pas annihiler une règle de fond.

L'opinion que nous adoptons n'a pas été admise, d'une façon absolue, par la jurisprudence.

Ainsi, plusieurs arrêts[1] ont décidé que, si les diverses infractions, comprises dans la même poursuite, entraînent des peines de même nature et de même degré, — par exemple, deux peines d'emprisonnement correctionnel, — il est loisible, au tribunal, d'indiquer la durée de l'emprisonnement qu'il affecte à chaque délit. S'il n'a pas pris ce parti, la peine se partage *d'une manière indivisible* entre tous les délits. Si, au contraire, les peines des délits concurrents diffèrent par leur nature ou leur degré, la plus grave devra seule être prononcée.

§ 2. — *Les infractions concurrentes sont l'objet de poursuites successives.*

Ce cas se présente dans deux circonstances.

Il peut se faire, d'abord, que la nouvelle infraction ait été découverte, au cours des débats : c'est la situation expressément prévue par l'article 379 du Code d'instruction criminelle. Il se peut, au contraire, qu'elle ait été révélée au cours de l'instruction et, par conséquent, antérieurement aux débats, ou, même, que son existence n'ait été connue que postérieurement au jugement de condamnation : cette seconde hypothèse ne rentre pas dans les prévisions de la loi ; mais, il est bien certain, qu'elle comporte la même solution que la première, et que l'inculpé

---

[1] Cassation, 9 novembre 1878, D. 79, 1, 378.

n'en bénéficiera pas moins de la règle prohibitive du cumul. Mais, dans quelle condition ? Désormais, c'est au juge saisi de la seconde poursuite, qu'incombe le soin d'appliquer la règle de l'article 365. Dans quelles limites et de quelle façon s'acquittera-t-il de sa tâche ?

Pour répondre à cette question, il est nécessaire de faire trois distinctions. Nous supposerons :

A. Que *la première poursuite a eu lieu pour l'infraction la moins grave.*

B. Que *l'infraction la plus grave a été poursuivie et réprimée la première.*

C. Que *les infractions poursuivies successivement doivent entraîner des peines identiques.*

A. *La première poursuite a eu lieu pour l'infraction la moins grave.*

Ainsi, le juge a prononcé une condamnation pour un crime puni de la réclusion : on découvre, soit pendant les débats, soit après la condamnation, à la charge de l'accusé ou du condamné, une nouvelle infraction passible de la peine des travaux forcés à perpétuité.

Il y aura lieu de décider :

1° que l'accusé ou le condamné, devra être traduit, à nouveau, devant la cour d'assises, sur l'ordre même de la Cour, si le nouveau crime a été découvert au cours des débats, avant l'arrêt de condamnation (art. 379), d'office, par les soins du ministère public, si la nouvelle infraction a été révélée après la condamnation ;

2° que les juges, saisis de la seconde poursuite, devront prononcer la peine la plus forte, attachée par la loi à l'infraction qui leur est soumise, et déclarer que cette peine dispensera d'exécuter la précédente.

En pratique, ce résultat sera atteint, soit, par la déclaration que la peine actuellement prononcée *absorbera* la condamnation antérieure, soit, par la déclaration que la première condamnation *se confondra* avec la condamnation actuelle.[1]

Le juge ne sera donc pas dans l'obligation d'appliquer, ainsi que l'ont prétendu certains auteurs[2] et plusieurs décisions de jurisprudence,[3] le maximum de la peine la plus forte. Le concours d'infractions, nous l'avons vu, ne présente pas les caractères d'une circonstance aggravante légale, mais d'une circonstance aggravante judiciaire, en ce sens que le juge reste maître d'apprécier si, à raison des faits de la cause, le concours de délit est, dans l'espèce particulière qui lui est soumise, suffisamment grave, pour motiver le maximum de la peine, ou si, au contraire, il ne doit entraîner qu'une pénalité moindre.

B. *L'infraction la plus grave a été poursuivie et réprimée la première.*

Deux questions se présentent à notre examen.

---

[1] Cass. 1er décembre 1887. — Bull. cass. crim. n° 411.

[2] *M. Le Graverend,* notamment dans son Traité de Législation criminelle (t. 2, p. 266), prétend que l'expression « la « peine la plus forte », insérée dans l'article 365 du Code d'instruction criminelle, doit être entendue dans le sens de « ma« ximum de la peine la plus grave ».

[3] Cass. 27 février 1824. — Bull. cass. n° 37.

La première est celle de savoir, si les juges, saisis de la seconde poursuite, qui a pour objet l'infraction la moins grave, auront la faculté d'élever le taux de la première condamnation, au cas où les premiers juges n'auraient pas prononcé le maximum de la peine attachée à l'infraction la plus grave.

Voici, par exemple, deux crimes punis, l'un, de la peine des travaux forcés à temps, l'autre, de la réclusion : les juges, saisis de la première poursuite relative au crime passible de la peine des travaux forcés à temps, n'ont infligé, au criminel, que quinze années de cette peine; les seconds juges, appelés à statuer sur le crime puni de la réclusion, pourront-ils ajouter, à la première peine, les cinq années de travaux forcés qui restent disponibles?

Il peut paraître vraisemblable que, si les premiers juges avaient eu à se prononcer simultanément sur les deux crimes, ils se seraient montrés plus rigoureux dans l'application du châtiment et n'eussent pas manqué d'infliger, à l'accusé, le maximum de la peine des travaux forcés.

Néanmoins, nous estimons que le pouvoir de compléter ce maximum doit être refusé aux seconds juges, qui excéderaient leur compétence, en aggravant la peine d'une infraction qui n'est pas soumise à leur juridiction immédiate. N'est-ce pas, en effet, sur la peine applicable au premier crime, qu'ils prendraient la pénalité pour châtier le second? Ainsi donc, les poursuites ultérieures, à raison d'une infraction moins grave, ne sauraient aboutir à une aggravation de peine, dans le cas où le maximum de la peine la plus forte n'a pas été épuisé par les premiers juges.[1]

Il convient, évidemment, de donner la même solution, lorsque les premiers juges ont prononcé le maximum de la peine la plus grave. Le coupable a été frappé de vingt années de travaux forcés, c'est-à-dire du maximum de cette peine ; s'il vient à être traduit, à nouveau, devant la cour d'assises, pour un crime comportant la réclusion, il n'est pas douteux que les nouveaux juges ne pourront aggraver la première condamnation.

Mais une question, dont l'examen a suscité de vives controverses, se pose :

L'application de la peine la plus forte, en cas de concours d'infractions, n'a-t-elle pas pour effet d'éteindre l'action publique, à l'égard des infractions entraînant des peines moins graves et découvertes, au cours des débats, ou, après la condamnation ?

Deux arguments ont été invoqués en faveur de l'affirmative :

L'action publique, a-t-on dit d'abord, n'a pour objet que l'application des sanctions pénales. Dès lors, toutes les fois que l'auteur d'un fait défendu par la loi cesse d'être punissable, l'action publique n'a plus d'objet, elle ne peut plus être intentée, parce qu'elle est inexistante. Comment, en effet, concilier l'existence d'une action pénale

---

[1] Cass. 27 janvier 1881.

avec l'impossibilité de donner une satisfaction pratique à cette action ? N'est-il pas d'une flagrante inutilité de conduire, contre un criminel, une poursuite qui restera stérile dans ses conséquences ? De nouveaux débats publics seraient ouverts, une nouvelle culpabilité serait établie, et, au moment de frapper le coupable, la loi se trouverait désarmée ? N'est-il pas préférable, dans de pareilles conditions, de s'abstenir de poursuivre ?

Aussi bien, cette solution paraît-elle résulter, ajoute-t-on, de l'article 379 du Code d'instruction criminelle. Ce texte dispose que la cour d'assises ne doit ordonner de nouvelles poursuites, — dans le cas où l'accusé se trouve, au cours des débats, inculpé sur d'autres crimes que celui dont il était accusé, — que « si les crimes nou« vellement manifestés méritent une *peine plus grave* « que les premiers ».[1]

Une nouvelle instance n'est donc autorisée que, lorsque la seconde infraction entraîne, d'une façon certaine, une peine plus forte que celle qui a été infligée la première.

---

[1] Les partisans de cette doctrine invoquent également l'article 374 du Code de justice militaire pour l'armée de mer, ainsi conçu : « Lorsqu'un justiciable des conseils de guerre « et de justice est poursuivi, en même temps, pour un crime « ou un délit de la compétence des tribunaux maritimes ou « des tribunaux ordinaires, il est traduit, d'abord, devant le « tribunal auquel appartient la connaissance des faits entraî« nant la peine la plus grave, et renvoyé ensuite, *s'il y a lieu*, « pour l'autre fait, devant le tribunal compétent » ; selon ces auteurs, l'expression *s'il y a lieu* signifierait, dans l'esprit du législateur : si la peine la plus forte n'a pas été appliquée.

A contrario, la nouvelle instance n'est plus possible, si la pénalité a été épuisée par le premier jugement.[1]

Ce raisonnement ne nous paraît pas décisif, et nous croyons qu'il est facile d'établir que, l'épuisement de la pénalité, ne doit pas être considéré comme une entrave à l'extinction de l'action publique.

Nous pouvons remarquer, tout d'abord, que le point de savoir si le fait, qui n'a pas encore été l'objet de poursuites, doit motiver une peine plus grave que celle qui a été prononcée pour l'infraction déjà réprimée, ne pourra s'apprécier, le plus souvent, qu'au cours de l'instruction ou des débats. Comment donc exclure, *à priori*, la possibilité d'une nouvelle poursuite.

En outre, la seconde poursuite offre un intérêt considérable, lorsque l'auteur a des complices. La complicité n'est, en effet, punissable qu'autant que la culpabilité de l'auteur principal a été démontrée. Comment établir cette culpabilité, si, la poursuite du fait, qui peut en être la cause, n'a pas lieu ?

Nous pensons qu'il faut aller plus loin et soutenir que cette poursuite doit être intentée en toute hypothèse.

Chaque infraction donne naissance à l'action publique, et cette action peut être exercée, tant qu'elle n'a pas été légalement éteinte. Il s'agit donc d'examiner si l'épuisement de la pénalité peut être envisagé comme une cause d'extinction du droit de poursuite.

---

[1] *Mangin*, Traité de l'Action publique, n°s 455 et suiv. — *Le Sellyer*, Actions publiques et privées, I, n° 356. — *De Molène*, De l'Humanité dans les lois, n°s 163 à 178.

On a prétendu que cette action n'avait plus d'objet, puisque le juge ne pouvait plus prononcer de condamnation. Il y a, là, une grave méprise. Le principe du non cumul, en vertu duquel une seule *peine* est applicable, n'implique, en aucune façon, qu'une seule *condamnation* doive être prononcée. L'article 365 du Code d'instruction criminelle suppose même que l'accusé est *convaincu* de plusieurs crimes ou délits. Il ne faut pas confondre l'application de la peine par le juge, c'est-à-dire la *condamnation*, avec l'application matérielle de la peine ou son *exécution*. La règle du non cumul s'oppose, exclusivement, à l'application matérielle des diverses peines encourues à raison des délits concurrents. Plusieurs condamnations sont donc susceptibles d'être prononcées, à charge, pour le juge, d'ordonner que la plus grave sera, seule, exécutée.

Il est, d'ailleurs, erroné de prétendre que la nouvelle poursuite soit dénuée d'utilité, à raison de ce fait que, la peine la plus forte ayant été déjà prononcée, la peine qui serait infligée, en vertu de la seconde poursuite, ne serait pas exécutée ou subie. L'objet majeur de l'action publique est de reconnaître si l'accusé est ou non coupable des infractions qui lui sont reprochées. Dès lors, l'accusé n'a-t-il pas le droit absolu de réclamer sa mise en jugement, pour prouver que l'accusation, que l'on fait peser sur lui, est dénuée de fondement ?

D'autre part, le droit des parties lésées par l'infraction n'est pas moins évident. Si la poursuite n'avait pas lieu, elles se trouveraient privées des moyens d'obtenir réparation du préjudice qui leur a été causé.

Enfin, il importe à l'intérêt supérieur de la société que le vrai coupable d'un acte délicteux soit connu, afin que les soupçons ne s'égarent point sur des innocents, et que la constatation, qu'aucun fait punissable n'échappe à la justice, ne prive pas la société d'un moyen, fût-il très faible, de prévenir la criminalité.

Ainsi donc, à ne consulter que les principes généraux du droit, le rôle de nos juridictions répressives est le suivant :

Tous les crimes ou délits cumulés peuvent être déférés aux tribunaux, simultanément ou séparément ; mais, dans ce dernier cas, si la seconde poursuite a lieu pour un fait moins grave que le premier, les tribunaux devront déclarer (si la culpabilité a été établie) que la peine encourue, pour la deuxième infraction, s'absorbera, au point de vue de l'exécution, dans celle antérieurement prononcée.

Examinons, maintenant, ce qu'il faut penser de l'objection que l'on tire, à l'encontre de cette solution, de l'article 379 du Code d'instruction criminelle. Est-il fondé de prétendre, que cet article consacre le principe que, l'épuisement de la pénalité, entraîne celui du droit de poursuite ?

En aucune façon.

En réalité, l'article 379 contient deux ordres de dispositions exceptionnelles, que le législateur a cru devoir énoncer spécialement, parce qu'elles étaient en dehors du droit commun.

1° Il prescrit à la cour d'assises, d'ordonner des poursuites nouvelles, d'une part, lorsque, au cours des débats, l'accusé aura été inculpé d'autres crimes méritant une peine plus grave que les premiers ; d'autre part, lorsque l'accusé a des complices en état d'arrestation.[1]

2° Il décide, que le procureur général devra, dans ces deux cas, surseoir à l'exécution de la condamnation. L'objet essentiel de l'article 379 est de consacrer, par un texte précis, ces deux dispositions, parce qu'elles dérogent aux principes généraux du droit criminel.

En effet, et en premier lieu, il n'est pas de règle qu'un arrêt, qui a acquis la force de la chose jugée, soit retardé dans son exécution.

En second lieu, c'est au ministère public et non à la cour d'assises qu'incombe, en droit commun, l'initiative des poursuites pénales. A défaut des prescriptions de l'article 379, le ministère public eût conservé toutes ses prérogatives et toute son indépendance à ce sujet : il eût pu, à son gré, engager ou ne pas engager l'instance : c'est ce que le législateur ne voulait pas, dans notre espèce.

Qu'on ne nous objecte pas, que le droit d'ordonner les

---

[1] Nous savons que ces dispositions reçoivent leur application, que le second crime ait été révélé avant l'arrêt de condamnation ou après cet arrêt, avec cette différence que, dans le dernier cas, la poursuite n'aura pas lieu sur l'initiative de la Cour, mais sur celle du ministère public.

poursuites étant reconnu à la cour d'assises, le ministère public perd, par là même, dans tous les cas, son droit d'initiative. Cet argument est inopérant, parce qu'il généralise une disposition exceptionnelle. C'est, en effet, dans le seul cas de l'article 379, que l'exercice du droit de poursuivre passera du ministère public à la cour d'assises. En dehors de cette hypothèse toute spéciale, aucun texte n'impose une limite quelconque aux pouvoirs du ministère public.

En résumé, l'article 379 ne s'occupe que de préciser les cas dans lesquels il y a obligation, pour la cour d'assises, d'ordonner, elle-même, de nouvelles poursuites ; ces cas sont au nombre de deux : 1° le fait nouvellement manifesté mérite une peine plus grave que le premier ; 2° le coupable a des complices en état d'arrestation : il ne s'applique donc pas au droit d'action du ministère public, et n'a nullement pour but de déterminer à quelles conditions le principe du non cumul interdira, à ce ministère public, de poursuivre.

D'ailleurs, la limitation des cas dans lesquels la Cour ordonnera, elle-même, les nouvelles poursuites — spécialement dans la situation où les nouveaux faits doivent mériter une peine plus grave — s'explique aisément : une peine plus forte devant être prononcée, le législateur a voulu, en matière de crimes, que le *sursis* à l'exécution fût obligatoire ; il ne l'aurait pas été s'il avait été laissé à l'initiative du ministère public.

C. *Les infractions poursuivies successivement doivent entraîner des peines identiques.*

Cette troisième hypothèse suppose l'existence de deux infractions, poursuivies successivement et comportant deux peines de même nature et de même degré : il s'agit, par exemple, de deux crimes entraînant la peine de la réclusion.

Il est évident que la poursuite ne peut aboutir à une condamnation efficace, si le maximum a été prononcé par les premiers juges : les deux peines infligées se confondent.

Si, au contraire, le maximum n'a pas été atteint, les seconds juges peuvent compléter la pénalité dans les limites de son maximum. Ils ont, dans ce but, à leur disposition, deux moyens : soit, infliger un supplément de peine, en ordonnant son addition à la peine déjà encourue, soit, prononcer une condamnation au maximum, en spécifiant qu'elle se confondra avec la précédente.

Ainsi, la cour d'assises a prononcé, par un premier arrêt, une condamnation en six années de réclusion : elle peut, par un second arrêt, porter cette peine à dix années, en prononçant une condamnation à quatre années, dont elle ordonnera l'addition aux six années déjà encourues, ou bien, en frappant le coupable de dix années de réclusion, en énonçant qu'elles se confondront avec les précédentes.

SECTION III

Des conséquences de la violation de la règle du non cumul.

Supposons que le juge n'ait pas observé la règle du non cumul, énoncée dans l'article 365 du Code d'instruction criminelle, et que le jugement qu'il a rendu, ait abouti à une cumulation de peines. A quelle autorité devra-t-on se référer, pour faire respecter la loi? Dans quelles limites et dans quel cas, un recours sera-t-il possible ?

Certains auteurs ont prétendu, que le principe du non cumul dominait l'exécution des peines, et que, par suite, s'il avait été violé, c'est au ministère public qu'il appartenait directement, en vertu des attributions que la loi lui confère, de rétablir la stricte application de notre principe, en corrigeant les fautes commises par le juge: c'est à lui qu'incomberait le soin d'opérer, de plein droit, l'absorption des peines dont le tribunal aurait prononcé le cumul.

Nous ne saurions partager cette manière de voir : ces auteurs se méprennent, en effet, d'une singulière façon, sur le rôle du ministère public, en matière de procédure criminelle, qui ne consiste pas à appliquer la loi, mais, simplement, à faire exécuter la décision du juge. La preuve en est que, dans l'article 365 du Code d'instruction criminelle, énonciatif de la règle de non cumul, le législateur a spécifié que « la peine la plus forte serait « seule *prononcée* ». S'il avait entendu s'adresser au ministère public et faire, de cet article, une règle d'exécution des peines, il eût employé, sans nul doute, les termes : « la peine la plus forte sera seule *subie.* »

Si le condamné élève des réclamations sur l'illégalité du jugement qui l'a frappé, s'il prétend que le juge a enfreint les prescriptions de la règle prohibitive du cumul des peines, il aura, à sa disposition, pour obtenir justice, les voies de recours ordinaires et extraordinaires de l'appel et de la cassation. La Cour suprême, notons-le, statuera, sur l'espèce, par voie de retranchement, en ce sens qu'elle ne cassera la décision des premiers juges que *parte in qua :* elle effacera la peine prononcée en surplus et opérera elle-même la confusion.[1]

Si, le condamné, par inaction ou pour tout autre motif, n'use point de ces voies de recours, la décision acquiert l'autorité de la chose jugée : elle devient par suite irrévocable et définitive ; le ministère public, d'autre part,

---

[1] Notons qu'il faut que l'arrêt attaqué, devant la Cour de cassation, ait été appelé à statuer sur la question du cumul et que la partie qui se pourvoit, ait invoqué, expressément, le moyen, sinon, la Cour suprême rejetterait purement et simplement (Cass. 23 déc. 1880, S. 82, 1, 438). Au cas contraire, il faudrait, soit sur la demande du condamné, soit d'office, faire interpréter la décision judiciaire incomplète par la juridiction qui l'a rendue. On a prétendu que cette solution était contraire au principe, que la règle du non cumul est une règle de l'application des peines. Il est facile de répondre que notre situation ne pouvait se présenter qu'au moment de l'exécution des peines infligées.

nous l'avons vu, n'aura aucune qualité pour en modifier l'exécution. L'intéressé pourra, dans ces conditions, introduire utilement un recours en grâce qui sera, le plus généralement, accueilli.

Aucune difficulté ne peut se présenter, dans le cas où, les infractions concurrentes et cumulées, sont comprises dans une même poursuite : l'article 365 est manifestement violé, si, dans cette situation, plusieurs peines ont été infligées au délinquant : les voies de recours usitées sont à la disposition de l'inculpé pour obtenir satisfaction, et la confusion des deux peines devra être prononcée, par le tribunal d'appel et par la Cour suprême ; en cas d'inaction du délinquant, la voie du recours en grâce lui resterait ouverte.

Dans l'hypothèse de poursuites successives, l'application cumulative des peines peut se produire plus fréquemment, soit que les juges aient dérogé à la loi, sciemment, soit qu'ils l'aient enfreinte par erreur : la première condamnation encourue par le délinquant ne figurait pas, par exemple, sur le casier judiciaire joint au dossier de la seconde poursuite; de ce fait, les juges étaient dans l'impossibilité absolue, de connaître l'existence de cette condamnation.

Nous distinguerons deux hypothèses :

1° Les diverses infractions qui ont fait l'objet de poursuites distinctes, ont été frappées de peines *de nature et de degré différents* : Supposons, par exemple, que les premiers juges aient infligé six années de réclusion et, les seconds, huit ans de travaux forcés, sans que la confusion de ces deux peines ait été spécifiée. Il n'est pas douteux, ici, que la loi n'ait été violée et que, dans ces conditions, la juridiction de recours ne doive prononcer l'absorption de la peine la plus forte par la peine la plus faible.

2° Mais, que décider, si les peines prononcées successivement, sont *de même nature* : deux peines d'emprisonnement, par exemple.

On peut prévoir deux situations : ou bien, le juge de la seconde poursuite a prononcé le cumul des peines, ou bien, sa décision est muette sur ce point.

Dans la première situation, nous nous en tiendrons à notre principe de droit commun, que le ministère public n'a pas d'autre mission que d'exécuter les arrêts du juge, alors même qu'ils viendraient à l'encontre des prescriptions de la loi. Dès lors, le seul remède qu'il pourrait apporter à cette violation de la loi, serait l'introduction d'office d'un recours en grâce en faveur du condamné.

Quid ? si le juge a gardé le silence, soit, parce qu'il ignorait que la première condamnation n'était pas définitive, au moment où la nouvelle infraction a été commise, soit, même, parce qu'il ne soupçonnait pas l'existence de cette première infraction. Faut-il admettre que les diverses peines devront être subies, successivement, par le condamné ?

Cette question a suscité de vives controverses.

Il existe, cependant, un point sur lequel on s'accorde généralement. Lorsque ces deux peines, de même degré, dépassent, par leur addition, le maximum fixé par la loi, on admet que l'exécution ne saurait, dans aucun cas, dépasser ce maximum.

Mais quelle solution faut-il donner, dans l'hypothèse où le maximum imparti par le Code n'a pas été dépassé ?

Prenons un exemple, pour plus de clarté: un individu a été frappé, une première fois, de huit années de travaux forcés; il encourt une seconde condamnation en douze années de cette même peine: le maximum de la loi n'est pas excédé par la réunion de ces deux peines. Y a-t-il lieu de déclarer qu'elles devront s'exécuter cumulativement?

Un premier système, qui a rallié une partie de la doctrine[1] et la jurisprudence,[2] décide que ces peines doivent être subies cumulativement, soit que le juge l'ait spécifié formellement, soit qu'il ait gardé le silence sur ce point. En effet, dit-on, si les juges avaient connu, au moment où ils statuaient sur la seconde infraction, l'existence, à la charge de l'accusé, d'un autre délit, il n'est pas douteux qu'ils eussent élevé, jusqu'au maximum, la peine qu'ils prononçaient. Au surplus, c'est à ce parti qu'ils se seraient tenus si les infractions concurrentes avaient été

[1] *Ortolan*, Tome I, n° 1169. — *Bertaud*, Cours de Droit pénal, p. 292.

[2] 13 février 1880, S. 81, 1, 233. — 2 juin 1893, S. 94, 1, 157. L'arrêt du 13 février 1880 s'exprime ainsi : « Il est de prin-
« cipe que, lorsque les peines prononcées successivement con-
« tre le même individu, convaincu de plusieurs délits, sont de
« même nature et ne diffèrent que par leur durée, *elles doi-
« vent être toutes subies*, à moins que, par leur réunion, elles
« n'excèdent le maximum de la peine la plus forte. »

comprises dans une seule poursuite et soumises simultanément à leur appréciation. N'est-il pas étrange, dans ces conditions, que le fait de la division des poursuites soit susceptible de leur faire perdre ce droit? Il importe peu que les juges aient gardé le silence sur la question d'exécution: les peines n'en devront pas moins être additionnées, car, il n'est pas possible de supposer qu'ils n'aient pas entendu aggraver, le plus possible, dans les limites fixées par la loi, la peine prononcée par leur deuxième condamnation.

Un second système,[1] tout en admettant que les juges pourront ordonner, en le spécifiant formellement dans leur arrêt, l'addition des deux peines, jusqu'à concurrence de leur maximum, refuse cette solution au cas où ils ne se sont pas expliqués formellement à cet égard.

Leur argument principal se fonde sur la violation flagrante, que font les partisans du premier système, de l'article 365 du Code d'instruction criminelle. Cet article promulgue, d'une façon générale, la règle du non cumul et prononce l'absorption des peines, sans faire de distinction entre celles qui sont de même degré et celles qui sont de degrés différents. En décider autrement, c'est introduire dans la loi une distinction, qu'elle ne fait pas. L'article 365 parle de « *peine la plus forte* » et non de « *maximum de* « *la peine* ». D'autre part, c'est modifier le fondement de

---

[1] *Faustin Hélie* et *Chauveau*, Théorie du Code pénal, t. 1, page 268.

la décision du juge en pareil cas, puisque ce juge, pour nuancer la peine qu'il infligera, n'aurait pas à envisager la gravité du fait délictueux commis, mais simplement, cette circonstance que, la peine encourue et celle qu'il est autorisé à prononcer, sont du même degré ou de degré différent.

Si donc, le tribunal ou la cour n'expriment pas, d'une manière formelle, leur volonté, le doute doit bénéficier à l'accusé.

Nous pensons que ces deux théories sont contraires à l'esprit de la loi et nous estimons, avec la majorité des auteurs,[1] qu'il est préférable de décider que, dans tous les cas, le cumul des peines ne pourra jamais avoir lieu, quand bien même le juge l'aurait spécifié, dans sa décision.

Il est inadmissible, en effet, de concevoir deux applications différentes de l'article 365 et de décider, en l'absence de disposition formelle de ce texte, que deux crimes méritent deux peines, quand ces peines sont de même nature, et n'en méritent qu'une, quand elles sont de degré différent. On peut nous objecter que, dans notre théorie, la division des poursuites est trop favorable au coupable: car le juge n'eût pas manqué, s'il avait connu la précédente infraction commise par l'accusé, d'infliger, sinon le maximum de la peine, du moins une peine plus forte. Nous ne pouvons nier cet inconvénient, qui ne doit pas

---

[1] *M. Garraud,* tome 2, n° 178, p. 298.

suffire, à notre avis, à porter atteinte à un principe, aussi formel, que celui de l'article 365.

Nous objectons, à notre tour, que, pour être logiques, les partisans du système de l'addition jusqu'au maximum, devraient étendre leur solution au cas où les deux peines sont de degrés différents, comme les travaux forcés et la réclusion. Or, ils ne le font pas : est-ce parce que ce serait porter atteinte au premier jugement en modifiant la peine par lui prononcée ? Mais nous répondrons que, dans le cas où les peines concurrentes sont de même nature et de même degré, pour appliquer le maximum selon l'opinion émise par ces auteurs, le premier jugement devra être aussi modifié.

Si nous supposons, en effet, une première condamnation à huit années de réclusion: le maximum de cette peine est de dix années : pour ne pas le dépasser, il faut, de toute nécessité, n'ajouter que deux années à la première condamnation, et aller au-delà par conséquent du minimum fixé par le Code, ce qui est une violation de la loi. D'autre part, en ajoutant le minimum de cinq années, le maximum de la peine est excédé.

Il nous paraît utile de citer les remarquables conclusions de M. Garraud sur ce sujet :[1]

« La conséquence de la doctrine que nous combattons, « dit cet auteur, en démontre l'erreur : car elle fait dé- « pendre la cumulation des peines, c'est-à-dire l'aggra-

[1] *Garraud,* loc. cit.

« vation du sort du condamné, non du caractère plus ou
« moins immoral des crimes, mais d'un fait qui lui est
« étranger, du hasard qui lui a fait infliger des peines
« d'une même nature..... N'est-il pas impossible d'ad-
« mettre cette diversité de solution, pour un même cas,
« cette justice à deux faces pour le même degré de mo-
« ralité, cette peine simple ou double, suivant que le con-
« damné a été atteint de deux condamnations semblables
« ou dissemblables. Il nous paraît donc que la règle qui
« défend la cumulation des peines, devrait recevoir une
« application uniforme, dans toutes les espèces, et que,
« par conséquent, l'accusé, frappé de plusieurs condam-
« nations successives, à raison de faits antérieurs à la
« première, ne devrait subir qu'une seule peine, la plus
« grave de celles qu'il a encourues, abstraction faite de
« leur nature et de leur analogie. »

CHAPITRE IV

EXAMEN CRITIQUE ET LÉGISLATIONS ÉTRANGÈRES

SECTION I

Législations étrangères.

La plupart des législations européennes, dont les Codes sont plus récents que le nôtre, ont repoussé l'application exclusive des principes du cumul et du non cumul, pour s'en tenir à un système mixte, fondé sur la combinaison de ces deux règles et de celle de l'aggravation.

Elles ont compris qu'il importait de prendre un juste milieu, entre la sévérité trop accentuée des théories qui préconisent l'addition des peines, en tout état de cause, et l'indulgence, pleine de dangers, de celles qui se sont bornées à suivre rigoureusement la règle de l'absorption, sans prononcer, dans aucun cas, une aggravation quelconque du châtiment unique infligé. Elles se sont accordées à reconnaître que le cumul juridique pouvait, seul, leur donner une répression, à la fois juste et efficace. Dans ces conditions, à l'exception toutefois de l'Angleterre, elles ne peuvent différer que par des détails d'exécution et des dispositions pratiques, que nous allons examiner au cours du rapide aperçu qui va suivre.

§ I. — Angleterre.

La législation anglaise est la seule qui admette, aujourd'hui, d'une manière formelle, le principe du cumul des peines.[1]

Il ne faut pas s'en étonner outre mesure, si l'on envisage, d'une part, l'esprit essentiellement conservateur de ce peuple, qui entoure ses anciennes coutumes du respect le plus absolu et qui ne se décide, qu'à regret, et contraint par la force des choses, à ébranler les assises sur lesquelles repose, depuis des siècles, son organisation politique et sociale, et, d'autre part, sa pondération et sa méthode, qui ne l'incitent à accomplir une réforme que lorsque sa nécessité a été reconnue par des inconvénients, maintes fois constatés, et auxquels on portera remède, non, par des procédés révolutionnaires, mais, lentement, sagement, en s'appuyant sur l'expérience d'un passé dont on ne redoutera pas de conserver toutes les institutions compatibles avec les idées nouvelles. C'est pour ces motifs, que le besoin ne s'est pas encore fait sentir, chez nos voisins, de codifier les « *laws* » et les « *bills* » dont l'infinie variété constitue leur droit. Ils ont toujours estimé qu'il est téméraire de

---

[1] *Glasson*, Histoire du Droit et des Institutions de l'Angleterre. — *Garraud*, Tome Ier, dernière édition.

procéder à une refonte générale de toute une législation, parce que, c'est, par là même, en s'attaquant à une œuvre trop vaste, s'exposer à des erreurs et à des inexactitudes dues à une étude que son étendue doit rendre, inévitablement, superficielle.

Au surplus, le principe du cumul des peines, qui, envisagé comme règle générale applicable à toutes les situations issues du concours d'infractions, nous apparaît un peu comme un vestige du moyen-âge, trouve, en Grande-Bretagne, dans les règles de procédure, un contre-poids qui en atténue singulièrement la rigueur et l'injustice : nous voulons parler des pouvoirs illimités du juge, en matière de pénalité.

Le magistrat anglais n'est pas, en effet, enserré dans les limites d'un minimum que la loi lui interdirait de dépasser. Il peut, à son gré, abaisser le taux de la pénalité jusqu'à une journée d'emprisonnement, la quotité de l'amende jusqu'à un *schelling*. Dans de pareilles conditions, la crainte qu'une addition de minima puisse absorber la vie ou la fortune du condamné, devient chimérique. Peut-on dire, dès lors, qu'un semblable système soit en contradiction avec les principes de la répression moderne, quand il semble n'être, au contraire, qu'un avant-coureur des théories de l'individualisation et de l'indétermination de la sentence en laissant, au pouvoir judiciaire, toute liberté de proportionner la sanction pénale au degré de culpabilité, fût-il très infime, du délinquant ?

Cependant, sous l'influence de ce grand courant qui s'est manifesté, dès la première partie de notre siècle, et qui a poussé les peuples, dans le but de parer à l'arbitraire des coutumes et des lois spéciales, à codifier leurs législations, l'Angleterre a tenté plusieurs « *consolidations* » ou recueils de textes relatifs à un même sujet juridique. En 1860, notamment, elle dotait les Indes d'un Code pénal. En 1874, *Sir James Stephen*, rédigeait son « *Digest of the criminal Law* », qui devait motiver, peu de temps après, le dépôt, par le gouvernement de la Reine, sur le bureau de la Chambre des communes, d'un projet sur les « indictables offences », ou graves infractions. Ce projet, renvoyé à l'examen d'une Commission spéciale, ne reçut aucune suite législative.

Un autre jurisconsulte, *Lewis*, de Bristol, publia également, en 1878 et en 1879, un long travail de codification qui subit le même sort que l'ouvrage de son confrère et adversaire, Sir Stephen.

Ces deux projets sont intéressants à étudier, parce qu'ils révèlent le désir de sacrifier aux idées pénales modernes, tout en maintenant en vigueur, le plus possible, les rigides principes des anciens textes.

Spécialement, dans notre matière du concours d'infractions, ils formulent la règle prohibitive de la cumulation des peines : mais ils appliquent, à titre de correctif, la règle de l'aggravation dans de telles proportions, que leur système devient l'un des plus sévères parmi ceux qui ont été établis par les législations européennes actuellement en vigueur. Il semble que leurs auteurs aient estimé que le coupable trouvait de suffisantes garanties dans l'absence d'un minimum de pénalité et qu'ils eussent, dès lors, statué, en ayant, comme unique objectif, de sauvegarder l'intérêt de la société.

La plus forte peine est seule prononcée, mais sa quotité peut toujours être supérieure ou, au moins, égale à la totalité des peines encourues.

C'est la conclusion qui se dégage des dispositions suivantes :

Quiconque, par deux infractions, aura encouru deux condamnations à deux années d'emprisonnement, pourra être frappé, à raison des deux délits, de sept années de servitude pénale.

Si, ces infractions, sont au nombre de trois, la durée de la servitude pénale peut être portée à quatorze ans.

Si, chacune des infractions commises est punie de la servitude pénale, la peine prononcée peut être égale au montant total des peines encourues.

Si ce total dépasse vingt ans, une condamnation à vie, peut être prononcée.

Nous pouvons constater que le projet de Sir Stephen est : plus rigoureux que notre Code, puisque l'article 365 n'autorise pas le juge à dépasser le maximum légal de la peine la plus grave, — plus rigoureux que le Code belge, qui dispose que le cumul ne doit jamais excéder le double du maximum de la pénalité la plus forte, — plus rigoureux enfin que le Code pénal allemand, qui impartit, comme durée maxima de la peine, le montant total des condamnations encourues.

§ II. — Italie.

L'Italie possède, depuis le 1er janvier 1890, un Code pénal unique. Elle était régie, auparavant, par une législation très complexe, chacun des petits Etats qui la fractionnaient, ayant conservé ses coutumes propres.

C'est ainsi que l'on ne comptait pas moins de sept Codes des délits et des peines dont les principaux étaient : le Code de Naples du 26 mars 1819, le Code de Parme du 5 novembre 1820 et le Code des Etats Sardes de 1859. Ce dernier Code fut imposé, au fur et à mesure des annexions, à toutes les principautés qui étaient réunies à la Couronne, à l'exception de la Toscane qui conserva les lois qui lui avaient été données le 20 juin 1853.

Le 22 novembre 1887, M. Zanardelli, ministre de la Justice, déposait sur le bureau des Chambres le projet de loi qui devait constituer, trois ans après, le Code pénal actuellement en vigueur.

Le législateur italien consacre, à notre matière, un titre spécial : le Titre VII de son Livre Ier intitulé « Des in« fractions et des peines en général ». — Il s'est rallié à un système de cumul juridique, dont voici les grandes lignes :

Aux termes de l'article 67, si l'un des délits concurrents

comporte *l'ergastolo*,[1] l'emprisonnement cellulaire, qui est attaché à cette peine, est augmenté de un an à trois ans; si le second délit entraîne également *l'ergastolo*, l'augmentation de l'encellulement est portée à cinq années.

Pour toutes les autres peines privatives de liberté, la plus forte est, seule, subie; mais, elle est aggravée de la moitié de la durée totale des autres peines, sans qu'elle puisse jamais excéder trente ans pour la réclusion et la détention et cinq ans pour le *confinement* (art. 68).

Les articles 70 et 72, appliquent le même principe de l'aggravation limitée, au concours de plusieurs délits avec une ou plusieurs contraventions sanctionnées par les *arrêts*.[2]

Les règles précédentes concernent, aussi bien, le cas de poursuites successives que celui de poursuites simultanées (art. 76, § 1er).

---

[1] L'*ergastolo* est une peine perpétuelle dont l'application implique un emprisonnement cellulaire extrêmement rigoureux.

[2] Le Code pénal des Etats Sardes, de 1859, comportait les dispositions générales suivantes : en cas de concours de plusieurs crimes, la peine la plus forte était seule prononcée et sa quotité pouvait excéder le maximum légal de cinq ou dix années. Si les infractions réitérées étaient des crimes et des délits, la règle de l'absorption recevait son application, mais la peine du crime pouvait être augmentée d'une fraction de la peine du délit. Lorsqu'il s'agissait de cumul de délits, les peines étaient additionnées, sans que leur totalité puisse dépasser la moitié du maximum. La même règle s'appliquait dans l'hypothèse du concours de plusieurs contraventions. Si les contraventions réitérées étaient au nombre de deux, la peine pouvait atteindre le double du maximum.

Elles régissent également, dit l'article 76, § 2, l'hypothèse où une infraction a été commise, après la condamnation à une peine temporaire restrictive de la liberté personnelle, avant l'accomplissement de cette dernière peine ou durant l'exécution de la sentence. Dans ces conditions, qui sont les caractéristiques de la récidive, l'aggravation est plus considérable.

La règle de l'absorption, sans accroissement de la peine la plus forte, recevra son application au cas de concours idéal.

Le délit continu est également envisagé par le législateur, dans l'article 79. Ce texte édicte formellement que plusieurs violations de la même disposition de loi, commises, à des époques différentes, mais, sous l'influence d'une même résolution criminelle, ne constituent qu'une seule et unique infraction : le juge n'inflige qu'une peine dont il augmentera la quotité d'un sixième à la moitié.

Lorsque, parmi les délits réitérés, l'un d'eux a servi à perpétrer l'autre, cette situation ne présente pas les caractères du concours d'infractions, à moins que la loi n'en ait décidé autrement, par une disposition formelle.

En ce qui concerne l'amende, l'article 75 spécifie que : « Les peines pécuniaires seront toujours appliquées en « entier, pourvu qu'elles ne dépassent pas la somme de « 15.000 francs pour les délits et de 30.000 francs pour « les contraventions. »

A l'égard des peines accessoires, le Code italien n'impartit un maximum que pour certaines d'entre elles : c'est ainsi que, s'il s'agit de l'interdiction temporaire des offices publics, le taux de dix années ne peut être dépassé; la quotité de quatre années ne serait pas excédée, dans le cas de suspension de l'exercice d'un métier.[1]

§ III. — Russie.

La législation pénale russe reposait essentiellement, à l'origine, sur l'idée de la vengeance privée. Ce n'est qu'en 1497, sous le règne d'Ivan III, qu'une première codification importante, le *Sudeback*, s'inspira de la conception plus moderne de l'infraction, envisagée comme offense à la société. Trois siècles plus tard, le tsar Nicolas tentait une refonte générale de la législation de son empire, dans une œuvre considérable qui parut, en 1832, sous le nom de *Svod Zakorov*. En 1845, ce même souverain, promulguait un Code nouveau qui ne comptait pas moins de 2200 articles. Les inconvénients de ce volumineux recueil ne tardèrent pas à apparaître; il fut intégralement revisé au cours de l'année 1866. Depuis, il a subi un complet remaniement qui aboutit, en 1885, à une édition dont les textes sont encore en vigueur.[2]

Le Code de 1845, bien qu'il ait subi une récente transformation en 1885, ne donne satisfaction, ni par son es-

---

[1] *Louis Paoli*, Le Code pénal italien et son système pénal. — *Lacointa*, Traduction du Code pénal italien.

[2] *Lehr*, Revue de Législation, année 1876. — *Garraud*, Tome premier, dernière édition.

prit, ni par les dispositions légales qu'il contient, aux théories criminelles nouvelles. Outre qu'il comprend encore un trop grand nombre d'articles, il établit un système de pénalités beaucoup trop étendu, compliqué d'une organisation de degrés, dans chaque peine, qui conduit à trente-deux, le nombre des châtiments que le juge est susceptible de prononcer.

Aussi, dès 1879, les bases d'un nouveau Code furent jetées par le Conseil d'Etat de l'Empire. Une commission spéciale fut nommée, qui mit à contribution les travaux des législations européennes contemporaines et publia le résultat de ses discussions, sous la forme d'un projet de loi, en 1881. Il fut décidé que les cours et tribunaux, seraient admis à émettre leur avis sur les réformes proposées. Cette enquête se poursuit encore actuellement.

La dernière rédaction de ce projet, a paru en 1895 : c'est celle que nous examinerons.

Constatons, au préalable, que les auteurs du projet de 1881, ont aboli les trente-deux degrés de pénalité auxquels nous faisions allusion précédemment.[1]

Ce sont les articles 53, 54, 56 et 57 de ce recueil, qui traitent de la question du concours d'infractions, sous le titre de: « la répétition des infractions ».

---

[1] Il n'est pas sans intérêt de connaître, pour la clarté des explications qui vont suivre, l'échelle exacte des peines établie par le projet de réforme de 1881. Elle est ainsi constituée : 1° la mort ; 2° la *katorga* ou travaux forcés avec déportation ; 3° la détention ; 4° la transportation ; 5° la maison de correction ; 6° la prison ; 7° les arrêts ; 8° l'amende.

Le projet sépare, d'une façon très nette, le concours *simple* du concours *spécifique* : le premier est constitué par la réitération d'infractions qui ne sont pas de même nature et dont la répétition n'implique pas, par suite, une habitude criminelle, au sens strict du terme ; le second, résulte, au contraire, de la coexistence de plusieurs actes délictueux, identiques et de nature semblable, qui sont l'indice d'un état criminel plus grave, parce qu'il suppose chez leur auteur des instincts malfaisants et une perversité endurcie. Cette dernière situation constituerait comme une sorte de *cumul qualifié*.

Dans le premier cas, la règle de l'absorption est déclarée applicable : la peine la plus forte sera, seule, prononcée par le juge.

Dans la seconde hypothèse, une aggravation de la peine intervient (article 54) :

Si la peine la plus forte est la *Katorga* sans terme, le juge peut interdire au condamné de passer à la peine inférieure de la transportation. Si le délinquant est passible de la *Katorga* à temps, cette peine peut être élevée jusqu'à vingt ans.

Les autres peines sont susceptibles d'être aggravées dans les limites ci-dessous :

La maison de correction et la détention, jusqu'à dix années ; — les arrêts, jusqu'à une année ; — l'amende, jusqu'au double de sa quotité, avec faculté d'ajouter, à la peine pécuniaire, un maximum d'un mois d'arrêts.

Les peines accessoires[1] sont prononcées avec la peine la plus grave, même dans le cas où elles sont attachées à la peine la moins forte.

Si le criminel a déjà subi le châtiment d'une première infraction, lorsqu'il est poursuivi pour un second délit, cette circonstance ne peut, en aucune manière, influencer les seconds juges, qui doivent infliger la condamnation afférente aux faits délictueux qui leur sont soumis, abstraction faite de la précédente répression. Toutefois, si la peine qui a été subie, est une amende, ou une peine privative de liberté personnelle temporaire, elle est déduite de la peine fixée.

§ IV. — Allemagne.

Dès les XVe et XVIe siècles, plusieurs tentatives avaient été faites, par les souverains allemands, en vue de codifier les coutumes et ordonnances appliquées dans les diverses parties de leur empire. Le règlement criminel du comte de Tyrol (1499), la loi de justice criminelle de Bamberg (1507), et le règlement de justice criminelle de l'empereur Charles-Quint et du Saint-Empire romain (27 juin 1532), — plus connu sous le nom de « *la Caroline* » — furent les premiers essais de ce genre. Nous avons déjà signalé, dans la partie historique de notre étude, que

[1] Les principales peines accessoires sont : la privation de certains droits, la surveillance de la police, la publication du jugement, la confiscation spéciale.

la *Caroline* contenait plusieurs dispositions relatives au concours d'infractions, et qu'elle formulait déjà, à cet égard, la règle du non cumul des peines. Mais, l'autorité de ce recueil, fut singulièrement atténuée, par une clause, appelée « *salvatorische clausel* », qui maintenait en vigueur les législations particulières de chaque province. Au XVIIIe siècle, un grand mouvement de décentralisation se produisit, au cours duquel, chaque Etat reprit ses coutumes propres : on ne compte pas moins, en effet, à cette époque, de huit Codes pour les vingt-deux Etats qui constituaient la Confédération germanique. Puis, le Code pénal prussien, étendit, peu à peu, son influence sur les autres législations, et, le 15 mai 1871, il était promulgué loi générale sous le titre de : « Code pénal de l'Empire d'Allemagne. »[1]

Le titre V, de la première partie, intitulé : « Du con-« cours de plusieurs actes punissables » est consacré à notre matière.

Une seule peine est appliquée : la plus forte, avec faculté de l'élever au-dessus du maximum fixé par la loi dans des limites déterminées.

L'article 74 s'exprime ainsi :

« Quiconque aura, par plusieurs actes distincts, com-« mis plusieurs crimes ou délits, ou plusieurs fois, le « même crime ou le même délit, et aura, par là même, « encouru plusieurs peines corporelles temporaires,

---

[1] *Garraud*, Tome 2, n° 168, page 271, note.

« sera condamné à une seule peine, au moyen de l'élé-
« vation de la peine la plus forte.

« En cas de concours de peines corporelles de diffé-
« rente nature, l'élévation portera sur celle qui est la
« plus grave par sa nature.

« La durée de la peine prononcée ne pourra atteindre
« le montant total des peines encourues, ni excéder
« quinze ans de réclusion, dix ans d'emprisonnement,
« et quinze ans de détention. »

Toutefois, la règle de l'addition reprend toute sa force, dans deux cas :

1° Lorsqu'il s'agit de condamnations pécuniaires, l'article 78 spécifie formellement que, les amendes, qu'elles soient prononcées comme peines principales ou comme peines accessoires, sont additionnées. Il ajoute que, en cas de conversion de plusieurs amendes en peines privatives de liberté, le maximum de la peine substituée, sera un emprisonnement de deux années, et, si ces amendes sont la sanction de simples contraventions, les arrêts pendant trois mois.

2° S'il y a lieu de prononcer, simultanément, la détention et l'emprisonnement, ces deux peines seront appliquées séparément. Si la détention a été infligée avec forteresse, la durée totale des deux peines ne pourra excéder quinze ans (article 75).

Le cumul idéal est prévu par l'article 73 et comporte l'application de la règle de l'absorption.

Aux termes de l'article 76, le non cumul n'exclut pas

l'application de l'interdiction des droits civiques, quand cette peine doit être prononcée accessoirement à l'une des peines encourues.

Enfin, l'article 79 déclare toutes les dispositions précédentes applicables à l'hypothèse où, avant l'exécution, la prescription ou la remise de la peine, une condamnation est intervenue, pour une infraction commise antérieurement au premier jugement.

§ V. — Belgique.

Le 1er mai 1848, un arrêté royal institua une Commission spéciale, en vue d'élaborer un projet de Code pénal, destiné à remplacer le Code français de 1810, qui avait eu, jusqu'alors, force de loi, en Belgique. Ce projet, après de longues et vives discussions, fut adopté définitivement et promulgué le 8 juin 1867.[1]

Le système belge est fondé sur une application des règles du cumul, de l'absorption et de l'aggravation.

L'article 58 prononce, en effet, que « l'individu, con- « vaincu de plusieurs contraventions, encourra la peine « de chacune d'elles ». Le paragraphe deuxième de l'article 100 applique une solution identique aux amendes, en matière fiscale.

Dans l'hypothèse du concours de plusieurs délits et contraventions, les peines pécuniaires et privatives de

[1] *Thiry*, Cours de droit criminel (Liège), n° 266, p. 191.

liberté seront cumulées, dans les limites du double de la peine la plus forte (art. 59).

Si le crime concourt avec un ou plusieurs délits, la peine du crime sera, seule, prononcée.

Si les infractions réitérées sont des crimes, une seule peine sera infligée : la plus forte. Le juge pourra, cependant, l'élever au-dessus de son maximum, si elle consiste en travaux forcés, détention à temps ou réclusion.

Le concours idéal est soumis à la règle de l'absorption.

Une loi récente, du 26 décembre 1881,[1] est venue modifier certaines dispositions relatives au concours d'infractions. Cette loi ne contient qu'un seul article ainsi conçu :

« La loi du 4 octobre 1867, article 3 § 2, est modifiée,
« comme suit :

« Dans les cas prévus par les deux derniers paragra-
« phes des articles 80 et 81 du Code pénal, la peine des
« travaux forcés, celle de la réclusion et celle de la dé-
« tention, qu'il y ait ou non concours d'infractions, pour-
« ront être modifiées et réduites au minimum fixé par
« ces paragraphes. »

Pour comprendre la portée de ce texte, il est nécessaire de savoir, qu'en Belgique, la chambre du conseil du tribunal de première instance peut sur le rapport du juge d'instruction, prononcer, en quelque sorte, des circonstances

---

[1] Annuaire de législation étrangère, année 1881, p. 457. Notice de M. *Berr de Turique.*

atténuantes, et renvoyer, par exemple, un crime devant les tribunaux correctionnels. Supposons que plusieurs crimes réitérés aient été soumis, dans ces conditions, au juge correctionnel : il devra les envisager comme des délits et leur appliquer la règle de l'article 60, c'est-à-dire, additionner les pénalités dans les limites du double du maximum de la plus forte. Si, au contraire, le criminel n'avait pas bénéficié des circonstances atténuantes qui lui avaient été reconnues par la chambre du conseil, il eut comparu devant la cour d'assises, sous l'accusation de crimes concurrents, et n'aurait encouru qu'une seule peine, dont la quotité pouvait être inférieure au total des minima des peines correctionnelles.

Le législateur a entendu, par notre texte, libérer le juge, de la contrainte de l'article 60.

§ VI. — Hongrie.

La législation pénale hongroise est constituée, actuellement, par le Code pénal des crimes et des délits du 28 mai 1878, et, par le Code pénal des contraventions du 14 juin 1879.[1]

Ces Codes sont les premiers recueils généraux qui aient été promulgués dans ce pays. En 1752, sous le règne de Marie-Thérèse, en 1791, en 1827, on tenta, mais vainement, une codification des textes, en usage, à cette épo-

[1] *Martinet* et *Dareste,* Les Codes hongrois traduits et annotés.

que. Au cours de l'année 1843, cependant, un projet très complet fut déposé à la Diète : il était conçu dans un esprit très libéral ; mais il fut abandonné en 1848. Quelques années plus tard, le gouvernement autrichien imposait à la Hongrie, son Code de 1803. Après un retour, en 1860, aux coutumes locales, dont les applications variées, créèrent une profonde anarchie judiciaire, une Commission, instituée en 1867, mit au jour un projet de réforme pénale, qui aboutit aux deux Codes de 1878 et de 1879.

Le concours d'infractions fait l'objet du chapitre VIII du Code des crimes et des délits (art. 95 à 105), et l'article 29 du Code des contraventions.

Il nous paraît indispensable de signaler, au préalable, que la loi hongroise, à la différence du projet de 1843, rétablit la division tripartite des peines en crimes, délits et contraventions. Elle ne reconnaît que deux peines accessoires : la destitution d'emploi et la suspension temporaire de l'exercice des droits politiques ; elle maintient, enfin, à la différence du Code néerlandais que nous examinerons ultérieurement, les minima légaux qui avaient été supprimés en 1843.

Le législateur hongrois s'occupe, en premier lieu, du cumul idéal : il le soumet à la règle prohibitive de la cumulation des peines, formulée, en ces termes, par l'article 95 :

« Lorsqu'un seul et même acte enfreint plusieurs « dispositions de la loi pénale, on n'appliquera que celle

« de ces dispositions qui prononce la peine la plus forte « ou du degré le plus élevé. »[1]

Au cas de concours matériel, la peine la plus forte est également prononcée : le juge peut dépasser le maximum qu'elle comporte, dans les conditions suivantes :

Si les infractions réitérées sont des délits ou des délits et des contraventions, le maximum peut être élevé d'une année (art. 97). Au cas de concours d'un crime avec un délit ou une contravention, la peine du crime, pourra être augmentée de deux années (art. 98). S'il s'agit de crimes réitérés, l'aggravation serait de cinq années. Dans toutes ces hypothèses, la durée totale des peines aggravées ne pourra excéder quinze ans (art. 100).

Le système du projet de 1843 différait sensiblement de celui du Code de 1878 : il n'admettait, en premier lieu, la confusion des peines, que dans le cas de poursuites simultanées. Cette confusion se réalisait, dans la pratique, de la manière suivante : le juge diminuait d'un tiers les peines les plus faibles, sans que le total des pénalités encourues ne pût excéder le double de la peine la plus grave.

Mais, que faut-il entendre par « peine la plus forte » ? A quel critérium la reconnaître ?

L'article 101, donne, très exactement, la solution : sont considérées les plus graves, les peines édictées

---

[1] Le projet de 1843, envisageait plutôt le concours idéal comme une véritable circonstance aggravante.

contre les crimes : si leur durée est inégale, la plus forte est la plus longue ; à durée égale, c'est l'échelle des peines, établie par l'article 20, qui décide.[1]

Aux termes de l'article 104, et, contrairement aux dispositions du projet de 1843, les solutions que nous venons de reproduire, reçoivent leur application dans l'hypothèse de poursuites successives. Elles concernent, également, la situation d'un condamné qui, pendant l'exécution de sa peine, serait de nouveau frappé, pour une infraction commise avant la première condamnation.

La loi de 1880, sur la mise en vigueur des Codes de 1878 et de 1879, s'occupe du cas où un condamné, se rend coupable, pendant l'exécution de sa peine, d'un acte délictueux, entraînant une peine privative de liberté : elle spécifie que, dans cette hypothèse, « la du« rée totale des peines anciennes et nouvelles ne pourra « dépasser vingt années ».

Le concours de contraventions est prévu par le Code de 1879. L'article 29 de ce Code, décide que, si les contraventions réitérées, comportent les « arrêts », ces peines seront cumulées en une peine unique. Si, au contraire, les contrevenants ne sont passibles que d'amendes, ou, concurremment, d'amendes et d'arrêts, « la « peine sera prononcée séparément pour chaque contra-

---

[1] L'échelle des peines, telle qu'elle résulte de l'article 20, est la suivante : 1° mort ; 2° maison de force à perpétuité ou à temps ; 3° prison d'Etat ; 4° réclusion ; 5° emprisonnement ; 6° amende.

« vention, dans les limites de l'article 16 ». Cet article fixe le maximum des peines de simple police.

§ VII. — Pays-Bas.

Le Code pénal des Pays-Bas,[1] porte la date du 3 mars 1881. Il est assez explicite sur notre matière, à laquelle il consacre quatorze articles.[2]

Il distingue très nettement le concours idéal, du concours matériel : au premier, il applique la règle du cumul des peines, en interdisant, cependant, au juge, d'excéder, de plus d'un tiers, le maximum de la peine la plus forte, (articles 57 et 58). Au second, il donne, comme règle, celle du non cumul, en spécifiant, dans son article 56, que la peine la plus forte, encourue à raison des divers délits qui constituent le cumul idéal, sera, seule, appliquée.

S'il s'agit de contraventions réitérées, ou de contraventions en concurrence avec des délits, les peines devront être additionnées. La totalité des peines de détention, ne pourra pas excéder huit mois, même dans le cas de *détention subsidiaire*.[3]

---

[1] Traduction *Trypels*, page 660 et suivantes.

[2] Notons que le Code néerlandais établit la division bi-partite des infractions en délits et contraventions. Il ne fixe pas, en outre, de minimum légal des peines.

[3] La *détention subsidiaire* est appliquée, lorsque, à la suite de la prononciation de la confiscation, les objets confisqués n'ont pas été remis.

L'emprisonnement correctionnel perpétuel exclut, en principe, l'application de toute autre pénalité, à l'exception de la confiscation d'objets saisis, de la publication de jugement et de la destitution de certains droits.

§ VIII. — Suisse.

Chacun des cantons de la Suisse possède sa législation particulière, et, en ce qui concerne le concours d'infractions, nous rencontrons, dans ce pays, une grande diversité de solutions: C'est ainsi que le Code de Genève de 1874 consacre, en son article 39, le système du non cumul, tandis que le Code de Neufchatel de 1891, se rallie au principe du cumul juridique.

Le Département fédéral de justice, soucieux d'unifier les lois de la Confédération, s'est préoccupé de doter la Suisse d'un Code général. Il a publié, à cet effet, un avant-projet, destiné à être livré à la critique des juristes et du public, avant d'être, définitivement, transformé en projet et promulgué. L'auteur est un professeur de Berne, M. Carl Stooss.[1]

Cet avant-projet, qui est très bref et qui ne contient que 257 articles, dispose (art. 45), que le juge ne prononcera que la peine du délit le plus grave: il aura, toutefois, le pouvoir de la prolonger de moitié en sus du maximum.

---

[1] Etude sur l'avant-projet de Code pénal suisse, par *M. Rolin* (Revue de Droit international, année 1897, page 26 et suiv.).

Ce système présente, à notre avis, un grave inconvénient : il impartit les mêmes règles au cumul idéal et au cumul matériel. Or, il n'est pas douteux, que la culpabilité de l'agent, ne soit pas la même dans les deux cas ; dans l'hypothèse du cumul idéal, il n'y a, de la part du délinquant, qu'une intention criminelle, se manifestant dans un seul acte, tandis que, dans le cas de cumul matériel, « l'agent a mis en action plusieurs volontés « criminelles qui ont abouti à une pluralité d'actes dé- « lictueux, distincts et séparés ». Le rédacteur de l'avant-projet suisse, ne s'est donc pas assez inspiré des théories nouvelles sur l'individualisation de la peine et son adaptation à la personnalité criminelle de chaque délinquant.

SECTION II

Examen critique.

Nous avons vu, dans notre chapitre premier, que trois systèmes s'étaient efforcés de résoudre la question posée par le concours d'infractions, en se fondant sur les règles de *l'addition*, du *non cumul*, et du *cumul juridique*. Nous nous proposons, dans la partie critique de cette étude, d'en reprendre l'examen, d'une façon plus approfondie, de discuter les arguments invoqués de part et d'autre, et de faire connaître à quelle théorie devront se rallier, à notre sens, les législations qui voudraient réformer leur système de répression en matière de délits réitérés.

Le système de *l'addition*, consiste à punir chaque délit de la peine qui lui est propre et à en faire subir le total au condamné. Selon ses partisans, il est le seul qui soit logique et efficace : logique, parce qu'il est conforme à cette idée fondamentale, que chaque délit mérite une peine. « En droit philosophique, dit Trébutien,[1] il « semble juste de poser, en principe, que chaque in- « fraction doit entraîner son expiation et être punie « d'une manière distincte. » Or, cette peine correspond, de la façon la plus exacte, à l'acte délictueux : elle est la mesure, stricte et mathématique, de la culpabilité du délinquant, le législateur, qui ne peut statuer que *sine acceptione personarum*, ayant laissé, fort sagement, au juge, par l'institution du maximum et du minimum, le soin d'en fixer définitivement la quotité, selon les circonstances de la cause. Dès lors, si l'agent commet un second méfait, il augmente sa culpabilité dans les limites de ce méfait, et, par suite, l'expiation qu'il doit subir dans les limites de la nouvelle peine attachée, par la loi, au nouveau délit.

La théorie de l'addition est, en outre, la seule qui soit d'une efficacité incontestable, la seule qui soit susceptible de retenir le criminel par la perspective d'un châtiment d'une extrême sévérité. Car, si, en cas de concours d'infractions, la peine la plus forte est seule infligée, le

---

[1] *Trébutien*, Etudes sur le Code pénal, Tome premier, page 317.

délinquant sera, par là même, encouragé à commettre toutes les infractions moins graves que celle dont il s'est rendu coupable, puisqu'il est assuré qu'elles resteront impunies. « L'agent, dit M. Laborde,[1] n'a aucun intérêt « à s'arrêter dans la cumulation de ses délits, s'il sait « qu'on ne dépassera jamais, contre lui, le maximum de « la peine la plus forte. »

Nous ne contestons pas que les partisans de ce système, ne se soient conformés à la plus rigoureuse des logiques. Mais, il n'en est pas moins vrai, qu'ils se heurtent, tout d'abord, à l'impossibilité matérielle, de mettre en pratique, dans maintes situations, leurs principes. Comment, en effet, additionner les peines perpétuelles? Comment cumuler une pénalité quelconque avec la peine de mort? On a prétendu qu'il serait possible, dans ce dernier cas, de faire subir, en premier lieu, au condamné la peine privative de liberté et, à l'expiration de sa détention, de lui infliger la peine capitale. Une semblable conséquence serait monstrueuse, puisqu'elle ne tendrait à rien moins qu'à rétablir, selon l'expression très juste d'un auteur, la « torture morale ».

Ajoutons que, même dans le cas où le cumul pourrait être matériellement exécuté, il deviendrait, dans certaines circonstances, absolument inhumain : pour peu que le délinquant commette plusieurs infractions assez graves, le total des peines qu'il encourrait, absorberait sa

---

[1] *Laborde*, Cours élémentaire de droit criminel, n° 655.

vie tout entière, si ces peines sont privatives de liberté ; toute sa fortune personnelle, si elles sont simplement pécuniaires.[1]

De pareilles conséquences sont manifestement contraires à l'orientation nouvelle de la législation pénale : la peine n'est plus seulement, comme autrefois, un moyen de *sélection*, mais un procédé *d'adaptation artificielle* du criminel au milieu collectif :[2] certes, elle se propose de mettre le délinquant dans l'impossibilité de nuire et de perpétrer de nouveaux forfaits, mais elle doit aussi, et surtout, poursuivre l'amendement de celui qu'elle frappe, le ramener dans la voie du bien et le replacer dans la société, après avoir redressé ses instincts pervertis. Comment réaliser ce but élevé et réconfortant, si, pour des délits qui, envisagés isolément, ne présentaient qu'une faible gravité, on frappe le condamné d'une série de châtiments dont la totalité le retiendra, pendant un temps très prolongé, dans des maisons de détention ? Agir de la sorte, est aller à l'encontre, des idées nou-

[1] Un professeur de la Faculté de Liège, *M. Thiry*, invoque, contre nos adversaires, un argument qui ne manque pas de force. « Les peines, dit-il dans son *Cours de droit criminel*, augmentent de gravité par cela seul, qu'elles succèdent à d'autres sans interruption : après un emprisonnement de trois ans, l'emprisonnement d'un an, que l'on doit subir sans intervalle, est plus dur que celui qui serait subi d'une manière séparée ; après une amende de 1.000 francs, l'amende de 500 francs, que l'on doit payer de suite, est plus dure, également, que cette même amende que l'on devrait payer toute seule. »

[2] *Garraud*, dernière édition, Tome premier, p. 18.

velles qui ont produit les lois si salutaires sur la libération conditionnelle et sur le sursis.

D'ailleurs, la justice ne peut commander une telle rigueur : l'individu qui compte, à sa charge, plusieurs délits concurrents, a, vraisemblablement, agi sous l'empire d'un entraînement passager, d'une sorte de folie criminelle qui doit être, aux yeux du législateur et du juge, une circonstance atténuante, comme une excuse qui diminue la responsabilité encourue. Nous comprenons fort bien que l'on soit sans pitié pour le récidiviste : il a éprouvé la sanction de la loi, il a été solennellement averti qu'il s'engageait dans la voie du crime et la persistance à faire le mal implique, assurément, chez lui, de mauvais instincts dont il importe de réprimer énergiquement les manifestations. Il en est autrement dans notre hypothèse : l'agent n'a pas encore été frappé, il n'a pas encore connu la répression et, « s'il avait été « saisi après son premier crime, s'il avait reçu la dure « leçon d'une première condamnation, peut-être n'eût-il « pas commis les crimes auxquels il a été entraîné. « L'inaction de la justice, a, en quelque sorte, atténué « ses fautes. »[1]

La théorie de nos adversaires est donc inacceptable. Elle n'est pas, en fait, un véritable système, puisqu'elle consiste simplement à laisser la loi s'appliquer d'elle-même, en quelque sorte mécaniquement, et qu'elle ne

[1] *Chauveau* et *Faustin-Hélie,* Théorie du Code pénal, Tome premier, n° 170.

paraît pas avoir entrevu que cette situation particulière, que l'on nomme le concours d'infractions, comportait nécessairement une solution spéciale, autre qu'une application irraisonnée et simultanée, des peines afférentes à chaque délit. Elle est inhumaine ; elle n'est pas conforme aux principes de justice et d'équité. On en comprenait l'excessive sévérité, à Rome, en matière de *delicta privata*, puisque les peines n'étaient que de simples réparations pécuniaires, destinées à indemniser la victime, du dommage qu'elle avait éprouvé. Elle se justifiait, dans l'ancien droit, où l'organisation des peines arbitraires lui faisait un utile correctif: elle se comprend, enfin, chez des nations comme l'Angleterre qui, en abolissant le minimum de la peine, permettent au juge d'en restreindre la quotité, jusqu'à ses dernières limites, et d'éviter ainsi un total de pénalités trop élevé. Elle ne peut se concilier avec nos principes modernes de répression.

Le système de *l'absorption* n'inflige au coupable que la peine la plus grave, parmi celles qu'il peut encourir, à raison des infractions qu'il a commises, avant toute condamnation. « En subissant la peine la plus forte, di-
« sent MM. Chauveau et Faustin-Hélie, le coupable expie
« tous les crimes passibles d'une peine de la même na-
« ture, ou d'une moindre gravité que celle qui lui est ap-
« pliquée ; la défense sociale n'exige qu'une peine ; une
« seule peine suffit à l'expiation des crimes commis ;
« les autres ne seraient qu'une inutile rigueur ».[1]

[1] *Chauveau* et *Faustin-Hélie,* Théorie du Code pénal, loc. cit.

La société, d'autre part, en ne sévissant pas contre le criminel, aussitôt après la perpétration de son premier délit, a commis une grave négligence. La loi est, en quelque sorte, personnifiée par les sanctions pénales qu'elle comporte. Le délinquant n'agit, le plus souvent, que sous l'empire d'influences diverses, qui lui enlèvent toute perception nette des notions du bien et du mal, et l'incitent à commettre un acte, dont il ne saisit qu'imparfaitement toute l'importance. Le rôle essentiel de la peine est de faire comprendre à l'agent, selon la force de répression qu'elle implique, l'importance de la faute qui lui est reprochée : un article de Code a, forcément, l'imprécision d'un texte que d'aucuns, malgré la maxime « *nul n'est censé ignorer la loi* », peuvent méconnaître. La peine a la précision d'un châtiment matériel, se traduisant par une souffrance physique ou morale, selon qu'elle atteint l'individu, dans sa liberté, dans sa fortune ou dans sa considération. Dès lors, la défense sociale, le commandement légal n'existent que par la sanction qui les accompagne, et, si, par suite des retards ou des maladresses de la justice, cette sanction n'a pas été prononcée, il est difficile de reprocher trop sévèrement, à l'agent, un second délit qu'il n'eût peut-être pas commis, s'il avait reçu l'avertissement du châtiment. Cet agent est, certes, plus coupable ; mais, l'application de la pénalité la plus forte constituera, pour lui, une expiation suffisamment rigoureuse.

Nous avouons que cette théorie est plus satisfaisante,

au premier abord, que celle du cumul ; elle n'aboutit pas aux conséquences inhumaines, qu'entraîne une addition mathématique des peines. Mais, il ne faut pas oublier que, dans un système de répression, l'indulgence doit s'arrêter à la limite stricte, où la société n'est plus protégée contre les entreprises des criminels : agir autrement, serait compromettre la sécurité sociale, et c'est le résultat, que ne manque pas d'atteindre la théorie de l'absorption telle qu'elle est instituée par notre Code d'instruction criminelle. L'application d'une peine unique, fût-elle la plus forte, est un brevet d'impunité, pour l'individu qui a commis un délit grave et qui reçoit, de la loi elle-même, une sorte d'encouragement à continuer ses exploits, sous la seule condition que les peines à encourir, dans la suite, soient plus faibles que celle qu'il a méritée pour sa première infraction. La crainte d'un maximum dont il ignore, le plus souvent, le taux, est illusoire parce que ce maximum, tel qu'il est établi dans notre Code, n'est pas assez élevé pour arrêter le coupable dans l'exécution de ses délits. Ajoutons qu'elle n'existe plus, dans tous les cas où un crime, à raison des circonstances aggravantes qui l'entourent, a été réprimé, par la loi, du maximum de la peine, à l'exclusion de toute appréciation du juge. Nous faisons allusion à l'hypothèse, prévue par les articles 309 et 310 du Code pénal, de coups et blessures volontaires, donnés avec préméditation ou guet-apens, et sans que la mort s'en soit suivie : si, la victime est le père ou la mère du coupable, les travaux forcés, à temps, seront convertis, aux termes de l'article 312 § 3, en travaux forcés à perpétuité. Le criminel n'a plus, dans ces circonstances, à redouter l'éventualité d'un maximum de peine qu'il a atteint par l'accomplissement de son premier forfait.

La peine, impartie dans de semblables conditions, perd toute sa valeur répressive et justifie cette constatation formulée, en 1885, par un Garde des sceaux, dans son *Rapport à M. le Président de la République, sur le compte général de l'administration de la justice criminelle en France et en Algérie :* « L'inefficacité de la peine, « au triple point de vue de la correction, de l'intimida- « tion et de l'exemple, ressort chaque jour davantage. »

La seule solution, véritablement satisfaisante, ne peut être trouvée que dans une combinaison sage et mesurée des règles du cumul et de celles de l'aggravation. Nous avons vu que la plupart des législations européennes, celles, du moins, dont les Codes sont de date récente, s'étaient rangées à cette opinion.

En ce qui nous concerne, nous nous rallions au système proposé par le projet de réforme du Code pénal, rédigé par les soins d'une commission de revision, instituée, en 1887, par le Ministre de la justice ; ce projet nous paraît, en effet, répondre à tous les *desiderata* qui ont pu être formulés au sujet de la question du concours d'infractions. En voici les grandes lignes :

En ce qui concerne les contraventions, le projet les maintient sous l'empire de la règle du cumul et motive sa décision par les considérations que nous avons exposées précédemment.

Lorsque le concours se produit entre des délits et des contraventions, les peines sont cumulées, sans que, cependant, leur total puisse excéder le double du maximum de la peine la plus forte.

En cas de crimes et contraventions ou délits concurrents, la peine afférente au crime est, seule, prononcée.

Le cumul de plusieurs crimes, entraîne l'application de la pénalité la plus grave, avec faculté d'élever cette pénalité, au-dessus du maximum fixé par la loi, d'une valeur égale à la moitié de sa quotité.

Enfin, dans l'hypothèse de cumul idéal, la règle de l'absorption, telle qu'elle est formulée dans l'article 365 de notre Code d'instruction criminelle, conserve toute sa force.

Le projet de 1887 s'est efforcé de concilier les exigences de la justice et de l'utilité sociale, en combinant très heureusement les diverses théories qui ont été émises sur notre question. Ses auteurs ont remédié à l'extrême rigueur du cumul, en fixant, au total des peines, une quotité nettement déterminée que le juge ne pourra jamais excéder ; ils ont suppléé à l'indulgence du non cumul en aggravant la peine la plus forte, qui peut être élevée au-dessus du maximum légal. Ils ont formé, en quelque sorte, deux échelles distinctes : l'une, constituée par les diverses situations juridiques que peut présenter le concours d'infractions ; l'autre, contenant les différentes pénalités qui sont susceptibles d'être prononcées dans cet ordre de faits : toutes deux sont fondées sur la gravité des situations, pour la première, et des peines pour la seconde. Ils ont établi, ensuite, la concordance de leurs degrés respectifs : au cumul des contraventions s'appliquera le cumul des peines, — au concours de contraventions et de délits : un cumul avec limite, — au concours de crimes et de contraventions et de délits : la règle de l'absorption, — au concours de crimes : la sanction légale la plus forte, aggravée.

Dès lors, notre système général de répression devient d'une unité absolue, instrument délicat et d'une précision remarquable entre les mains du juge. Il n'enserre plus, comme autrefois, la libre appréciation du magistrat, dans des limites fixes et immuables, qui excluaient toute mesure exacte de la culpabilité du délinquant. Il se manifeste, au contraire, par une succession de pénalités aussi précises que finement graduées, dont l'ensemble constitue toute une gamme de châtiments dans laquelle il sera aisé de trouver la peine applicable à chaque agent, envisagé, non plus, *in abstracto*, mais, comme un individu qu'ont pu influencer les précédents héréditaires, l'éducation reçue, les conditions physiologiques, intellectuelles et économiques qui ont présidé à l'accomplissement de son forfait.

Si le juge est appelé à apprécier la culpabilité d'un délinquant *primaire*, qui a fait le mal par occasion, entraîné qu'il était par un mouvement de passion, passager et excusable, il châtiera avec indulgence et mesure, pour laisser à la peine qu'il inflige toute sa force d'avertissement salutaire et de moyen d'amendement. Si l'individu qui comparaît devant lui a commis plusieurs infractions, dont la réitération a précédé toute condamnation définitive, il accentuera la fermeté de la répression parce qu'il assiste à la naissance d'une habitude criminelle qu'il importe de réfréner promptement et énergiquement, si l'on ne veut pas donner une recrue de plus à l'armée du crime. Les règles du cumul, de l'absorption et de l'aggravation, combinées dans la mesure que nous venons d'indiquer, lui fourniront les moyens légaux d'atteindre ce but. Si, enfin, il juge un récidiviste, il frappera plus énergiquement encore, parce qu'il se trouve en présence d'un criminel endurci, qu'il importe d'éliminer d'une société pour laquelle il est un danger constant.

Déjà, sous l'influence des théories nouvelles de l'individualisation de la peine, et des lois sur le sursis et la libération conditionnelle, qui n'en sont que d'heureuses conséquences, les plus récentes statistiques constatent que la courbe des délits et des récidives correctionnelles, a fléchi dans de notables proportions. [1]

Les condamnés primaires criminels et correctionnels qui étaient, en 1892, au nombre de 1.215 et de 124.680, ne sont plus, en 1896, que 1.004 et 115.556. Les récidivistes criminels et correctionnels sont tombés de 1.730 et de 105.380 à 1.395 et 97.271.

---

[1] Rapport sur l'administration criminelle en France et en Algérie, pendant l'année 1896, (Journal officiel du 14 avril 1899).

Mais, malgré ces consolantes constatations, d'une part, le nombre des accusations criminelles portées contre les mineurs s'est augmenté et, d'autre part, certaines infractions, comme l'escroquerie et l'abus de confiance, n'ont cessé, depuis cinq années, de suivre une progression constante et régulière.

Il est permis d'espérer qu'avec un système de répression, empreint à la fois de fermeté et de souplesse et dont les moindres parties s'adapteraient, de la façon la plus exacte, à la condition individuelle de chaque délinquant, la diminution de la criminalité, que nous signalions, ne tarderait pas à devenir générale. Une réforme pénale est nécessaire et urgente: les Pouvoirs publics s'en sont préoccupé : un premier projet a été rédigé avec tout le soin et toute la compétence désirables. Il est à souhaiter qu'il aboutisse prochainement et qu'il puisse mettre fin, à brève échéance, notamment en ce qui concerne le concours d'infractions, à une incertitude fâcheuse causée par des textes épais et incomplets. C'est le vœu que nous formulons en terminant cette courte étude.

Vu :	Vu :
Le Doyen de la Faculté,	*Le Président de la Thèse,*
GLASSON.	A. LE POITTEVIN.

Vu et permis d'imprimer :

Le Vice-Recteur de l'Académie de Paris,

GRÉARD.

RIBOULET.

TABLE DES MATIÈRES

DU

PRINCIPE DU NON CUMUL DES PEINES

2e Section.

CHAPITRE III.

1re Section.

2e Section.

3e Section.

CHAPITRE IV

1re Section.

2e Section.

Chaumont. — Typographie et Lithographie CAVANIOL.

www.ingramcontent.com/pod-product-compliance
Ingram Content Group UK Ltd.
Pitfield, Milton Keynes, MK11 3LW, UK
UKHW021107290826
14628UKWH00014B/897

9 782014 092530